O LIVRO DA SABEDORIA

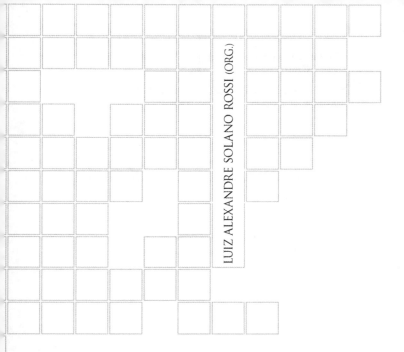

LUIZ ALEXANDRE SOLANO ROSSI (ORG.)

O LIVRO DA SABEDORIA

Justiça e sabedoria como estilo de vida

Dados Internacionais de Catalogação na Publicação (CIP)
(Câmara Brasileira do Livro, SP, Brasil)

O Livro da sabedoria : justiça e sabedoria como estilo de vida / Luiz Alexandre Solano Rossi, (org.). São Paulo : Paulinas, 2018. -- (Coleção pão da palavra)

Vários autores.
ISBN 978-85-356-4367-1

1. Bíblia. A.T. Livro da Sabedoria - Crítica e interpretação 2. Justiça 3. Sabedoria 4. Sabedoria - Aspectos religiosos I. Rossi, Luiz Alexandre Solano. II. Série.

18-12614   CDD-223.96

Índices para catálogo sistemático:
1. Livro da Sabedoria : Salomão : Antigo Testamento : Bíblia   223.96

1ª edição – 2018

Direção-geral:	*Flávia Reginatto*
Editora responsável:	*Vera Ivanise Bombonatto*
Copidesque:	*Ana Cecilia Mari*
Coordenação de revisão:	*Marina Mendonça*
Revisão:	*Sandra Sinzato*
Gerente de produção:	*Felício Calegaro Neto*
Capa e diagramação:	*Tiago Filu*

Nenhuma parte desta obra poderá ser reproduzida ou transmitida por qualquer forma e/ou quaisquer meios (eletrônico ou mecânico, incluindo fotocópia e gravação) ou arquivada em qualquer sistema ou banco de dados sem permissão escrita da Editora. Direitos reservados.

Paulinas
Rua Dona Inácia Uchoa, 62
04110-020 – São Paulo – SP (Brasil)
Tel.: (11) 2125-3500
http://www.paulinas.com.br – editora@paulinas.com.br
Telemarketing e SAC: 0800-7010081
© Pia Sociedade Filhas de São Paulo – São Paulo, 2018

SUMÁRIO

APRESENTAÇÃO 7

1. QUESTÕES INTRODUTÓRIAS AO LIVRO
   DA SABEDORIA 11
   Clovis Torquato Jr.

2. AMAR A JUSTIÇA, BUSCAR A DEUS (Sb 1,1−2,24) 49
   Luiz Alexandre Solano Rossi

3. OS PARADOXOS ENTRE JUSTOS E INJUSTOS
   (Sb 3,1−5,23) 67
   Luiz Alexandre Solano Rossi

4. GOVERNAR COM JUSTIÇA (Sb 6,1-21) 83
   Luiz Alexandre Solano Rossi

5. VIVER COM SABEDORIA (Sb 6,22−8,1) 95
   Alceu Luiz Orso

6. O AMOR E A BUSCA DA SABEDORIA
   (Sb 8,2-21; 9,1-18) 109
   Vicente Artuso

7. A SABEDORIA NA HISTÓRIA DA SALVAÇÃO
   (Sb 10,1−11,1) 125
   Ailto Martins

8. O ÊXODO E A SABEDORIA DE DEUS
(Sb 11,2–12,27 + 16,1–19,22) 141
Luiz José Dietrich
Evaldo Vicente

9. A SABEDORIA DE DEUS NA BONDADE, NO AMOR À
CRIAÇÃO, NA BUSCA DA JUSTIÇA (Sb 11,15–12,27) 159
Ildo Perondi

10. O QUE É CONHECER DEUS? QUAL A
VERDADEIRA RELIGIÃO? (Sb 13,1–19,22) 179
Luiz José Dietrich

APRESENTAÇÃO

O Livro da Sabedoria é por demais surpreendente. A leitura de seus versos encanta e leva o leitor rapidamente à reflexão. Certamente que o autor deseja encontrar respostas para os complexos problemas que atormentavam o povo de Deus em sua época. Mas, também, suas palavras rompem as fronteiras do espaço e do tempo e chegam até nós com um frescor inegável de Palavra de Deus, que continua animando seu povo e sua missão. Numa beleza literária incrível, o autor conduz o leitor a "olhar" a história e perceber nela os "sinais dos tempos", assim como conduz o leitor a "olhar" para fora da história, a fim de compreender o projeto global de Deus.

Justiça e sabedoria são complementares no livro. Ama-se a justiça desde uma perspectiva horizontal, ou seja, a partir de ações que acontecem no horizonte da história. Justiça, nesse sentido, é pensada a partir da performance e do bem viver no cotidiano. E, no cotidiano, a justiça deve permear as relações interindividuais e tecer a sociedade, ou seja, deve ser desejada e praticada. Afinal, não basta o conhecimento intelectual de qual seja a vontade de Deus. Conhecer sem praticar é o mesmo que desconhecer! Em toda a primeira parte do livro nos deparamos com uma dramática representação de forças em confronto. Todavia, seria melhor falar num confronto entre "força e fraqueza". Pois os justos são apresentados desempenhando um papel passivo – são observados, julgados, traídos e tratados com violência –, diante da atividade contínua e violenta dos injustos. Consequentemente, a justiça deve ser compreendida como um programa de vida que exige uma atitude pessoal muito comprometida. Afinal, amar exige doação e desprendimento. Na radicalidade do amor ágape pela justiça, como se encontra no texto original, encontraremos muito tempo depois, no Novo Testamento, o apóstolo João usando a mesma palavra – ágape – para expressar a radicalidade do amor de Deus pelas pessoas: "Porque Deus amou o mundo de tal maneira, que deu o seu Filho unigênito para que não morra quem nele acredita, mas tenha a vida eterna" (Jo 3,16).

E complementando a justiça, encontramos a sabedoria: "honrai a sabedoria" (6,21). A Sabedoria é apresentada como celeste, portanto, "do alto". Não se trata, dessa forma, de uma virtude humana, que poderia ser reduzida a um corpo de doutrinas, produzida e manipulada pela prepotência e arrogância humana; mas sim da personificação de algo divino. Aproxima-se da Sabedoria pela prática da justiça. Amar a justiça, portanto, é se fazer discípulo da Sabedoria. Duas realidades que se unem, terra e céu, num só projeto. Céu e terra ligados de uma tal maneira que a Justiça se apresenta como o fruto sobre-excelente da Sabedoria. Justiça e Sabedoria são apresentadas como realidades complementares, a fim de proteger a integridade dos justos/pobres.

O comentário ao Livro da Sabedoria é proporcionado pelo Grupo de Pesquisa Bíblia e Pastoral da Pontifícia Universidade Católica do Paraná, composto de professores, mestrandos e doutorandos em Bíblia, e tem por objetivo a leitura e interpretação das Sagradas Escrituras e posterior produção de textos, a fim de fomentar uma pastoral libertadora, solidária e misericordiosa.

Nos tempos atuais, onde vemos crescer grupos sectários e intolerantes que pregam a morte e o extermínio daqueles que julgam seus adversários, somos convidados pelo Livro da Sabedoria a olhar e agir com justiça, bondade e compaixão de Deus mesmo diante dos nossos inimigos, sem nunca deixar de proteger e cuidar de todos, sobretudo dos mais fracos e oprimidos.

CAPÍTULO 1

QUESTÕES INTRODUTÓRIAS AO LIVRO DA SABEDORIA

Clovis Torquato Jr.

O *Livro da Sabedoria* (doravante referido como "Sb", ou "Livro") é um dos livros incluídos na seção bíblica de *Livros poéticos e sapienciais*, que inclui *Jó*, *Salmos* e *Cantares de Salomão* como livros propriamente poéticos, e os demais *Sapienciais*: *Provérbios*, *Eclesiastes*, *Eclesiástico*, além do já mencionado *Livro da Sabedoria*.

O NOME DO LIVRO OU TÍTULO

O nome do livro é uma referência ao seu conteúdo e expressa duas realidades: o livro trata da sabedoria e sua autoria é atribuída a Salomão, o protótipo de sábio em Israel, embora essa atribuição seja um mero artifício literário, como se verá adiante (SALAZAR, 2007, p. 883).

O nome do livro não pertence ao texto, sendo um acréscimo posterior à redação final, e sofreu grande variação na tradição escrita dos manuscritos e também na forma como os pais da Igreja se referiam a ele. Nos manuscritos gregos, o livro geralmente é intitulado de

---

* Mestre em Teologia pela FABAPAR e doutorando em Teologia pela PUCPR. Email: clovistorquatojr@gmail.com

sophía Salomônos – *Sabedoria de Salomão*. No entanto, a ortografia do nome de *Salomão* sofre grande variação nos diversos manuscritos existentes (LÍNDEZ, 1995, p. 11). Nas versões latinas, geralmente se mantém constante como *Sapientia Salomonis* ou simplesmente *Liber sapientiae* (VÍLCHES, 1969, p. 623). Na *Biblia Sacra Iuxta Vulgatam Versionem* é chamado *Icipit Liber Sapientiae Salomonis*. Na *Nova Vulgata Bibliorum Sacrorum Editio* e também na *Biblia Sacra Iuxta Vulgatam Clementinam* é chamado de *Liber Sapientiae*. Na versão *Vetus Latina* é chamado de *Sapientia Salomonis* ou *Liber Sapientiae Salomonis*. Na *Peshita* o título é: *Livro da grande sabedoria de Salomão, filho de Davi*. Na versão etiópica o título é: *Pregação de Salomão* (VIRGULIN, 1985, p. 285).

Entre os pais da Igreja, *Clemente Alexandrino* o denominava *he théia sophía* – *A Sabedoria Divina*. Em *Metódio de Olimpo*, em *Epifânio* e no *Pseudo-Atanásio* é chamado de *he panáretos sophía* – *A Sabedoria de todas as virtudes*. E no *Fragmento Muratoriano* é chamado *Sapientia ab amicis Salomonis in honorem ipsius scripta* – *A Sabedoria, escrita pelos amigos de Salomão em sua honra* (VIRGULIN, 1985, p. 285).

Nas versões em português também há variações. Nas versões *Bíblia Ave Maria*, *Bíblia Edição Pastoral* e *Bíblia Tradução Ecumênica* – *TEB* é chamado simplesmente *Sabedoria*. Na versão *CNBB* é chamado de *Livro da Sabedoria*. Na versão *Bíblia de Jerusalém* é chamado *Sabedoria de Salomão*.

O nome próprio *Salomão* jamais é mencionado no livro, mas pode-se notar o autor atrás de um "eu" anônimo no livro, como em 9,7–8,12: embora o pronome não apareça em grego, o sujeito oculto está marcado pela primeira pessoa nos verbos – 9,12 (ASENSIO, 2005, p. 227).

CANONICIDADE

A *canonicidade* estuda as questões referentes ao conjunto dos livros que pertencem à *Bíblia Sagrada*. A Bíblia é um *livro* composto por *uma coleção de livros* – como fica evidente ao analisar seu índice –, estes com diferentes autores, escritos em várias épocas históricas, em diferentes línguas, com conteúdos e gêneros literários diversos. Determinar quais livros pertencem ou não à Bíblia é a questão principal estudada pela *canonicidade*. Com referência à Sabedoria, a questão poderia ser colocada assim: "Pertence o *Livro de Sabedoria* ao conjunto dos livros da Bíblia Sagrada, e é ele, portanto, canônico?".

A Sabedoria é um dos livros chamados *deutero-canônicos*. Essa classificação é geralmente atribuída aos livros ou parte deles escritos em grego que não foram incluídos no cânon hebraico pelos rabinos reunidos no sínodo de Jâmnia, no final do século I. Sabedoria foi escrito em grego, o que impossibilitou sua inclusão no *Cânon palestino* (também chamado de *Cânon hebraico*), pois uma das exigências dos rabinos de Jâmnia para que o livro pertencesse ao cânon palestinense era que o mesmo fosse originalmente escrito em hebraico. O livro, no entanto, permaneceu no cânon dos judeus da diáspora, o *Cânon alexadrino*, representado pela Septuaginta ou LXX (VIRGULIN, 1985, p. 300; MANNUCI, 1985, p. 224).

A discussão do judaísmo palestinense sobre a canonicidade dos livros ou de parte deles escritos em grego, na época anterior ao Novo Testamento, encerrou-se, praticamente, em Jâmnia, mas não no judaísmo da diáspora, que continuou utilizando escritos em grego nas suas sinagogas. É necessário também reconhecer que a força impositória do concílio de Jâmnia não era capaz de incluir ou excluir um escrito como canônico ou não canônico. A regra básica sempre foi o uso desse escrito pela sinagoga: "O cânon [do Antigo Testamento] não foi definido pela autoridade rabínica, mas foi-se cristalizando pouco a pouco, em função das necessidades práticas dos cultos nas sinagogas. Livro canônico era o 'utilizável na sinagoga' como antes o fora o 'utilizável no Templo'" (BARRERA, 1996, p. 197). A característica da utilização de um livro pela sinagoga permitiu ao judaísmo da diáspora continuar utilizando nos seus cultos os escritos não incluídos no cânon em Jâmnia, como, por exemplo, a Sabedoria, o que é ratificado pela sua presença na LXX.

Embora Sabedoria não seja explicitamente citada pelos autores do Novo Testamento, seu conhecimento por tais autores é claramente percebido em várias passagens do Novo Testamento. É possível encontrar coincidências entre os Evangelhos e a Sabedoria: a alma que é pedida e deve prestar contas (Lc 12,20 e Sb 15,8); a morte apresentada como "partida" (Lc 9,31 e Sb 3,2; 7,6); a visita de Deus como juízo (Lc 19,44 e Sb 3,7); o reconhecimento de Jesus como o *Justo* (Lc 23,47 e Sb 2,10-20); o título "justo" (Mt 27,19), os escárnios ao crucificado (Mt 27,39-46), o título *filho de Deus* (Mt 26,62-66; 27,40.43.54), tudo isso tem relação com Sb 2,10-20 (PEREIRA, 1999, p. 47).

Há várias referências à Sabedoria nas epístolas paulinas. Rm 1,18s, em que Paulo trata da possibilidade de conhecer a Deus através das coisas criadas, tem clara relação com Sb 13,3s. Outros trechos de Romanos, como o que fala da corrupção do gênero humano pelo paganismo (1,21-32) e da paciência de Deus (2,4), talvez tenham como inspiração Sb 14,22-31 e 11,23.26. Além disso, vários traços da personificação da Sabedoria divina são aplicados a Jesus, *sabedoria de Deus* (1Cor 1,4); *imagem do Deus invisível* (Cl 1,15; 2Cor 4,4 em relação com Sb 7,26); *por meio do qual Deus criou todas as coisas* (1Cor 8,6 em relação com Sb 7,21; 8,6; 9,1s); *no qual subsistem todas as coisas* (Cl 1,17 em relação com Sb 1,7); a batalha na qual o cristão está envolvido (Ef 6,14-17) pode estar em relação com Sb 5,17-20 (VIRGULIN, 1985, p. 300-301). Rm 5,12 pode ter relação com Sb 2,24 (LÍNDEZ, 1995, p. 88). Também em Hebreus é possível também encontrar ligações: em Hebreus o Filho é reflexo da glória de Deus (1,3), assim como a Sabedoria é reflexo da luz eterna (7,25s) (VIRGULIN, 1985, p. 300).

Ainda é possível encontrar ligação entre o Evangelho de João e a Sabedoria: a relação íntima entre o Verbo e Deus (Jo 1,1.18 e Sb 8,3; 9,4); o adjetivo *unigênito* (Jo 1,14.18 e Sb 7,22); a falta de entendimento das pessoas acerca das coisas de Deus (Jo 3,11 e Sb 9,16), em contraste com o conhecimento de Jesus (Jo 3,20) e da Sabedoria (Sb 8,4 e 9,9-11); o amor de Deus pela humanidade (Jo 3,16 e Sb 1,6; 7,23; 11,24.26); a onipotência do Verbo (Jo 5,20 e Sb 7,21, 8,6 e 9,9); o amor de Deus pelos homens (Jo 3,16s e Sb 7,23 e 11,24); a identificação do amor como a observância de mandamentos (Jo 14,15 e Sb 6,18); o justo que afirma conhecer Deus e seu filho (Jo 7,29; 8,88 e Sb 2,13); equivalência entre vida eterna/imortalidade e o conhecimento de Deus (Jo 17,3 e Sb

15,3); tanto Jesus quanto a Sabedoria fazem o que agrada a Deus (Jo 8,29 e Sb 9,10). Outras conexões podem ser vistas nos dualismos entre luz e trevas e entre vida e morte, comuns tanto ao Evangelho de João quanto à Sabedoria (VIRGULIN, 1985, p. 300-301; PEREIRA, 1999, p. 47-48).

Os pais da Igreja cristã desde muito cedo têm grande estima pela Sabedoria e citações podem ser encontradas em vários deles. A referência mais antiga a Sabedoria, depois do Novo Testamento, é encontrada em Clemente Romano, em sua Carta aos Coríntios (1Cor 3,4 com Sb 2,24; e 1Cor 27,5 com Sb 11,20s). Depois de Clemente, vários outros pais da Igreja citaram ou fizeram referências à Sabedoria: Taciano, Irineu, Hipólito, Tertuliano, Cipriano, Lactâncio, Metódio de Olimpo, Clemente Alexandrino, Eusébio de Cesareia, Basílio, Agostinho, Orígenes, Dionísio de Alexandria, João Crisóstomo, Hilário e Ambrósio, entre outros (cf. LÍNDEZ, 1995, p. 88-89; cf. VIRGULIN, 1985, p. 301).

Em face da ausência da Sabedoria no cânon palestinense, surgiram dúvidas sobre sua canonicidade ao longo da história da Igreja. Orígenes constata que Sabedoria "não é admitido por todos como autoridade" (*De Princ. 4,4,6*), mas foi sobretudo Jerônimo que questionou a sua canonicidade. Ele adotou como canônicos apenas os livros do cânon palestinense, excluindo, como antes fizeram os judeus de Jâmnia, os livros escritos em grego que faziam parte do cânon alexandrino. Jerônimo chegou a se recusar a traduzir para a sua versão latina os livros em grego do Antigo Testamento, tradução esta feita somente após a sua morte e então incorporada à Vulgata (LÍNDEZ, 1995, p. 89).

Agostinho, no entanto, sempre foi uma voz a afirmar a canonicidade da Sabedoria, aplicando a esta os critérios definidos por ele mesmo para determinar a canonicidade de um livro em *De doctrina cristiana* (2,8). Os grandes concílios ecumênicos de Hipona (ano de 392) e os dois de Cartago (anos de 397 e 418) seguiram o pensamento de Agostinho e afirmaram a canonicidade do Livro. Em 692 o sínodo *in trullo* ratifica a lista dos livros canônicos admitida nos concílios de Cartago. O Papa Inocêncio I, na carta a Exupério de Tolosa, o Papa Gelásio no decreto sobre as Sagradas Escrituras e o Papa Eugênio IV, durante o concílio de Florença, na bula *Cantate Domino* (4 de fevereiro de 1442), reafirmaram a lista dos livros sagrados conhecidos desde Agostinho. Mas o ponto final da discussão entre os católicos ocorreu na declaração solene de 8 de abril de 1546, na IV sessão do Concílio de Trento, que admitiu finalmente como canônicos os livros do cânon alexandrino, presentes hoje na LXX (LÍNDEZ, 1995, p. 89-90; VIRGULIN, 1985, p. 301).

TEXTO

Sabedoria foi escrito em grego. Houve estudiosos contemporâneos que sugeriram originais hebraicos e até aramaicos para o escrito, mas suas teses não se sustentaram (cf. LÍNDEZ, 1995, p. 12).

O texto da Sabedoria está muito bem conservado em cinco manuscritos unciais (isto é, escritos com maiúsculas): A, ou códice alexandrino, do século V; B, ou códice Vaticano, do século IV; S, ou códice sinaítico, do século IV; V, ou códice Vêneto, do século VIII e, C, palimpsesto do século XIII ou códice de Santo Efrém, escrito sobre um códice originário do século V (este conserva apenas partes do texto: Sb 8,5b–12,10a; 14,19–17,18abc; 18,24–19,22). A opinião dos peritos de crítica textual é de que o texto mais primitivo e mais bem conservado, e por isso também mais confiável, está em B, seguido por S e A. Dentre as versões, a mais importante é a *Vetus Latina* (VL ou La), que Jerônimo não alterou. A versão latina (da Sabedoria) é provavelmente da segunda metade do século II, ou seja, ela antecede o texto grego mais antigo que há em pelo menos dois séculos, o que faz dessa versão uma importante fonte de informação para crítica textual (LÍNDEZ, 1995, p. 11-12; VIRGULIN, 1985, p. 301-302).

AUTORIA

A autoria de Sabedoria é atribuída a Salomão, porém dificilmente o rei de Israel é o autor desse livro, por ter sido escrito em grego, como já foi visto, língua que era absolutamente desconhecida por Salomão, que viveu por volta do século X a IX a.C. O livro deve ser considerado pseudoepígrafo, ou seja, é atribuído a Salomão por um autor anônimo, que usa o prestígio do antigo rei de Israel para dar credibilidade a seu escrito. Este era um recurso muito comum no mundo antigo: escrever uma obra e colocar o nome de uma autoridade do passado para dar valor ao escrito. Nesse sentido, ninguém melhor que Salomão, rei cuja sabedoria era famosa no ambiente judeu e até fora dele. A tradição sapiencial usou muito esse recurso (cf. ASENSIO, 1997, p. 228). "O livro da *Sabedoria* converte Salomão em protetor dos princípios éticos e filosóficos da sabedoria helenística" (BARRERA, 1996, p. 206).

Identificar o nome do autor é uma empresa hoje abandonada pelos peritos, que já propuseram nomes famosos como Onias IV, Jesus Ben Sirac, seu neto que o traduziu para o grego, o judeu helenista Aristóbulo, ou Fílon, e até o cristão Apolo, entre outros (cf. ASENSIO, 1997, p. 229; cf. LÍNDEZ, 1995, p. 42-43).

Se de um lado não é possível conhecer o nome do autor, do outro lado algumas de suas características são facilmente identificadas. Primeira, é possível concluir que o autor é um judeu, isto é praticamente consenso entre os peritos. Pode-se afirmar que é um entusiasta por sua religião – o judaísmo –, que é profundamente versado nas tradições de Israel e grande conhecedor da história do seu povo (cap. 11–19). Tem ainda uma fé verdadeira no Deus dos antepassados (9,1), todo-poderoso (7,23), Senhor do universo; é adepto do monoteísmo, tem aversão ao politeísmo e despreza os ídolos (15,4); não aceita a frouxidão moral dos pagãos, tem orgulho de pertencer ao povo santo (18,8), de receber suas promessas (12,21) e de seguir a Lei (18,4), e espera a Sabedoria (9,17); venera os grandes heróis de Israel e relembra seus feitos com orgulho. Pode-se dizer que sua cultura tem uma sólida base judaica (LÍNDEZ, 1995, p. 43).

Segunda, ele é helênico, profundo conhecedor da língua e da cultura grega: "O autor deve ter sido um judeu helenista de Alexandria de idioma grego" (SCHARBERT, 1983, p. 53, cf. KONINGS, 1992, p. 162). Há determinados traços de seu escrito que praticamente não deixam dúvidas de que seu texto foi originalmente composto em grego, em bom grego, que não permite a hipótese de que seja uma tradução do hebraico ou aramaico. Alguns desses traços são: a) as palavras compostas, categorias absolutamente ausentes em hebraico: *kakótechnos* (*malvado*) (1,4); *philánthropos* – *amigo dos homens* (1,6; 7,22; 12,19); *pantodýnamos, panepískotos* – *tudo pode, tudo vigia* (7,23); b) os idiotismos próprios da língua grega: *agôna nikésasa* – *vencer em combate* (4,2); *háimati luthródei* – *sangue purulento* (11,6); c) palavras técnicas como *amórphou húles* – *matéria informe* (11,17); *pnêuma neorón* – *espírito inteligente* (7,22); d) as assonâncias verbais possíveis apenas em língua grega: *agapésate, phronésate, zetésate* – *amai, pensai, procurai* (1,1). Alguns poucos semitismos são melhor explicados através da dependência de fontes hebraicas e certa influência da LXX. O autor é mestre na interpretação midráxica e só apresenta duas alegorias (8,9; 18,21) (VIRGULIN, 1985, p. 295).

Terceira, é um escritor que assimilou a cultura helênica e conhece a terminologia da filosofia de Platão e do estoicismo: recorre a fórmulas literárias clássicas do grego como definição (17,12), sorites (6,17-21), conhece as ciências (7,17-20), conhece o culto à beleza (13,3.7) e à arte (14,19s), conhece as disputas esportivas – impensável num ambiente palestinense (4,2; 10,12); conhece a teoria euemerística como explicação da idolatria (14,14s) (VIRGULIN, 1985, p. 295-296).

Quarta, é um exímio construtor da imagem de um grande sábio. Ao ler Sabedoria 7,1-5.18; 9,7-8.12, tem-se a nítida impressão de ouvir-se o grande rei de Israel, o sábio Salomão. A proximidade é impressionante entre Sb 7,8-9 e 1Rs 3,7 (1Cr 28,5s), entre Sb 7,17-21 e 1Rs 5,9-14, e entre Sb 9,7 e 1Rs 3,7. Isso demonstra seu conhecimento da tradição judaica (VIRGULIN, 1985, p. 295).

DATA E LOCAL DE COMPOSIÇÃO

Para determinar a data de composição da Sabedoria há dois dados que geralmente são considerados: primeiro, Sabedoria parece supor certa dependência da LXX (cf. Sb 2,12 e Is 3,10; Sb 3,11 e Pr 1,7; Sb 11,4 e Dt 8,15; Sb 11,22 e Is 40,15); e, segundo, ele parece desconhecer o método alegórico de Fílon de Alexandria e a sua doutrina acerca do *lógos*. Esses seriam os dois dados limítrofes, dentro dos quais a redação de Livro de Sabedoria deveria localizar-se. Mas esses dois dados não são conclusivos, segundo alguns peritos. Para o primeiro dado, a LXX, a dificuldade é determinar a data final da sua redação. Assim, tem-se um intervalo de anos, que vai desde o século III a.c. (quando sua tradução deve ter início) até por volta do ano 150 a.c., ou até mais tarde (quando sua tradução deve estar se finalizando). Quanto ao segundo dado, Fílon de Alexandria, a datação da sua vida deve ser por volta de 20 a.C. até 40 d.C. Portanto, Sabedoria teria sido escrito não antes do século III a.c. e não depois de 40 d.C. (LÍNDEZ, 1995, p. 44-45). Se também é possível admitir referências à Sabedoria no Novo Testamento, como em Rm 1,8-32 e Ef 6,11-17, o Livro deveria ter sido concluído antes destas epístolas (ASENSIO, 1985, p. 230).

Dentro deste intervalo de tempo (século III a.c. e 40 d.C.), todas as propostas possíveis já foram feitas, sendo que alguns peritos chegam a sugerir uma data por volta do final do segundo século cristão. Sem querer discutir essas muitas propostas (cf. LÍNDEZ, 1995, p. 44-48), a forma aparentemente plausível para determinar a data é deduzi-la a partir das circunstâncias históricas refletidas no Livro.

QUAIS SÃO AS CIRCUNSTÂNCIAS GERAIS EXPRESSAS PELA SABEDORIA?

A primeira questão acerca das circunstâncias históricas do Livro deve dizer respeito ao local da composição: de onde o autor escreveu? Se se leva em conta o grego rebuscado e vernacular com que o texto foi escrito, o profundo conhecimento da filosofia grega e o domínio da sua nomenclatura, a facilidade com que o autor trafega nas tradições helênicas, sua cultura ampla e cosmopolita, e destacadamente a atenção que presta ao Egito (cap. 11–19), tudo isso sugere que o local mais provável para a redação dentro do intervalo de anos acima proposto é Alexandria, no Egito. Isso justificaria o uso da LXX, que seria improvável dentro da Palestina, acrescido do fato de que em Alexandria havia a maior comunidade judaica da diáspora, sendo importante centro intelectual do mundo antigo, o que também explicaria o esforço para produzir um texto como esse (ASENSIO, 1997, p. 230). Alexandria era uma grande cidade do mundo antigo, com cerca de 300 mil homens livres – dos quais 100 mil eram judeus – e 600 mil escravos (PEREIRA, 1999, p. 16; há outras estimativas: cerca de 500 mil habitantes, dos quais 200 mil eram judeus. Cf. ASENSIO, 1985, p. 230). Portanto, quanto ao local de composição, quase não há discussão entre os peritos, ou melhor, é quase unânime a eleição de Alexandria.

Uma vez definido o local da redação – Alexandria –, resta definir a data da redação, que também deve ser inferida a partir das informações fornecidas pelo livro. Se, de um lado, o local da redação está praticamente definido, do outro lado, a interpretação das informações históricas acerca do estado de vida dos judeus e suas relações com os *gentios*, extraídas da Sabedoria, sofre grande variação, e os peritos ainda não chegaram a um consenso sobre elas.

Alexandria fora fundada por Alexandre, o Grande, e consolidada depois da sua morte como capital do Egito por Ptolomeu Soter (323-285 a.c.), sendo que desde o seu início contou com uma forte presença de judeus. Com Ptolomeu Filadelfo (285-246), os judeus adquiriram grande projeção e direitos de quase cidadania, o que lhes permitiu organizarem-se como "políteuma", uma comunidade quase autônoma dentro da cidade. Fundaram uma grande comunidade judaica e começaram a tradução do texto hebraico para o grego, a LXX. Havia também muitos judeus em Elefantina e em Mênfis, cidades onde se tinha uma forte guarnição de exército formada por mercenários, dos quais muitos eram judeus. Em Mênfis estava Onias IV, filho do sumo sacerdote Onias III (assassinado pouco antes da insurreição dos Macabeus em 170 a.C.), que liderava uma guarnição de mercenários que apoiavam os ptolomeus e tinham deles também o apoio para se estabelecerem. Os filhos de Onias IV, Ananias e Helquias também se tornaram chefes desses grupos de mercenários que apoiavam os ptolomeus. Com isso, a situação dos judeus no Egito era muito favorável, sendo que alguns chegaram a ser até coletores de impostos. A população de judeus era muito grande no Egito e viviam de certa forma pacificamente (PEREIRA, 1999, p. 16-17).

A situação dos judeus, no entanto, começou progressivamente a mudar com a chegada dos romanos e a tomada do poder em 31/30 a.C. Uma mudança inicial foi o fato de que a segurança passou a ser feita pelo exército romano, o que inviabilizou a subsistência dos mercenários, e entre eles uma grande proporção da população judaica no Egito, além de que a cobrança dos impostos passou também a ser feita pelos cidadãos gregos, excluindo-se os judeus. Em 27/26 o Império Romano instituiu o imposto pessoal chamado "laografia", para os que não fossem cidadãos de pleno direito, o que também levou uma grande proporção da população judaica à miséria, com rapidez. Diante disso:

> O resultado foi uma divisão social e ideológica entre os próprios judeus: de um lado, uma minoria de citadinos, em Alexandria, menos atingidos e, persistindo na abertura ao helenismo, buscando os direitos da cidadania, como p. ex. o próprio Fílon; de outro lado, a maioria, empobrecida pela taxa, resignada ao isolamento, mas, enfim levadas às violentas reações nacionalistas cada vez mais suicidas, nos anos 38, 41, 66 e 117 d.C. (PEREIRA, 1999, p. 18).

Alguns anos antes de 41 d.C. a situação dos judeus agravou-se mais, quando enfrentaram um antijudaísmo violento, sofrendo maus-tratos, saques, mortes e perseguição dos gregos, com a complacência de Flaco, governador romano. Em 41 os judeus receberam do imperador Cláudio seus direitos religiosos de volta, mas não os da cidadania, que os gregos detinham. Ou seja, em Alexandria sempre houve uma disputa entre judeus e gregos, com prevalência destes no período romano. Não se pode esquecer que Alexandria floresceu como centro helênico no mundo antigo, portanto, de maioria grega. De certa forma, sempre houve um conflito com os judeus.

Os trechos de Sb 2,10-20; 3,2.10; 5,4-8 podem ser interpretados como referindo-se a um período de perseguição que se enquadra no período romano posterior a 41 d.C. (PEREIRA, 1999, p. 18), ou também podem ser interpretados como referência a judeus apóstatas que são caçoados por pagãos gregos libertinos, ou ainda por um grupo de judeus apóstatas que estão perseguindo os próprios irmãos (ver mais: 5,1; 10,15; 15,14; 16,4; 17,2). Se assim for, as condições de vida dos judeus ainda se enquadram num período anterior, por volta dos anos 50 a.C. até 14 d.C. – o período de Augusto vai de 30 a.C. a 14 d.C. –, em que desfrutavam de uma vida normal na sociedade egípcia da época. O ambiente geral que o Livro reflete da situação social do judeu não é de uma perseguição sistemática contra os judeus, embora se fale de um confronto entre o justo e o malvado (LÍNDEZ, 1995, p. 49).

Para justificar a animosidade entre os judeus e os gregos e egípcios, percebida em Sb 11–19, é provável que já se tenha instalado o Império Romano, e aí os que se enfrentam são o povo judeu e o povo egípcio. Para isso, o período de redação deve ser posterior a 30 d.C. (para pertencer ao período romano), mas não deve alcançar o período de Calígula, em que os judeus foram sistematicamente perseguidos. Assim, Sb 19,16 deve se referir a essa disputa entre judeus e gregos, com prevalência destes e direitos de cidadania negados aos judeus. Parece, nessa direção, que Sb 14,17 se refere aos romanos e que 14,22 é uma referência irônica à *pax romana*. A inferir-se da Sb 1,1; 6,1–11.21 não existe perseguição, ainda que leve, da autoridade legalmente constituída aos judeus. O conflito parece ser entre judeus e gregos no período de dominação já dos romanos, bem no seu início, com Augusto (LÍNDEZ, 1995, p. 49-50).

Três termos gregos que aparecem pela primeira vez na Sabedoria corroboram essa análise. São eles: primeiro, *threskéia – culto aos ídolos* (14,18.27) e o verbo *threskeýo – cultuar os ídolos* (11,15; 14,16). Esses termos não aparecem nem na LXX nem na literatura grega anterior à Sabedoria. Depois dele aparece com o mesmo sentido que Sabedoria alcunhou. Segundo, *sébasma*, que se refere ao *culto ao imperador* (14,20; 15,17), também não aparece na tradição em língua grega antes desses usos (seu uso mais antigo é em Dionísio de Helicarnasso, historiador nos dias de Augusto), e depois se torna comum para referir-se ao culto oficial de adoração ao imperador. Terceiro, *he krátesis – o poder* (6,2s), que aparece pela primeira vez aqui e depois se torna comum para se referir à conquista dos romanos (LÍNDEZ, 1995, p. 49-50).

Tudo isso aponta para uma data de composição entre 30 a.C. e 14 d.C., no período romano, em Alexandria, no Egito.

DESTINATÁRIOS E PROPÓSITOS

A questão posta pelos destinatários diz respeito a quem o escrito se destina, e a questão do propósito refere--se à intenção do autor, ao que ele quer alcançar: "Para quem e com que objetivo o autor escreveu o seu Livro?".

O autor poderia escrever tendo em mente dois públicos básicos: primeiro, seus correligionários judeus e, segundo, pagãos – gregos e estrangeiros –, tanto de

Alexandria – cidade de origem do Livro – quanto também do mundo de fala grega da época. A destinação aos judeus parece tão evidente, que nunca um perito a colocou em dúvida, ou seja, o autor escreveu para os judeus da diáspora grega. Quanto à destinação aos pagãos, há intensa discussão e não se chegou ainda a um consenso. A posição mais moderada é que o autor tenha escrito tendo ambos os públicos em vista.

É possível deduzir, a partir da leitura do Livro, quem é o público que o autor quer alcançar, a quem ele se dirige.

Ele escreve aos que exercem liderança: aos *governantes da terra* (1,1); aos *reis e juízes dos confins da terra* (6,1); aos *dominadores da multidão* (6,2); aos *soberanos* (6,9) e aos *soberanos dos povos* (6,21). A interpretação dessas interpelações varia. Há os que julguem que ele de fato escreve com a intenção de falar aos governantes, e neste caso os pagãos gregos e estrangeiros estariam incluídos nos seus destinatários (cf. PEREIRA, 1999, p. 20; VIRGULIN, 1985, p. 299); e há os que julguem ser esse um artifício meramente literário e estilístico, e neste caso o Livro se destinaria unicamente aos judeus, fazendo da relação entre sabedoria e realeza uma forma perifrástica de falar da liderança do povo judeu (cf. LÍNDEZ, 1995, p. 53-55). É, no entanto, possível que de fato o autor intente falar também aos governantes, neste caso, aos estrangeiros pagãos – gregos e romanos.

Poder-se-ia levantar a pergunta acerca do alcance efetivo que essa exortação teria perante as autoridades. As autoridades chegariam, sequer, a ter conhecimento de tais exortações, e estas seriam levadas em consideração? Quando o olhar é lançado sobre a tradição de Israel, vê-se que salmistas e profetas dirigiam-se a reis e nações estrangeiras, sem a certeza de que suas exortações chegariam aos destinatários, embora não fossem meros recursos de oratória, mas reais exortações da parte do escritor. Nos Salmos há tais exortações contra os reis e juízes (por exemplo: Sl 2,10-12 e 82,2-4.) e, também, nos profetas há os oráculos contra as nações estrangeiras (por exemplo: Is 34; Ez 25–33). Nada impediria que o autor do Livro também utilizasse esse mesmo recurso escriturístico no seu meio ambiente. Além disso, há em Israel a certeza de que há uma íntima relação entre realeza e sabedoria (Pr 4,9.15), e o autor convida os governantes a praticarem a sabedoria e a justiça (Sb 3,8; 5,16; 6,20) (cf. PEREIRA, 1999, p. 20; cf. LÍNDEZ, 1995, p. 55).

Ele escreve também aos que apostataram da verdadeira fé em Deus ou aos que nunca creram nele. "Seu Livro é uma crítica sapiencial e, ao mesmo tempo, denúncia e anúncio profético" (PEREIRA, 1999, p. 21). A crítica e a denúncia são dirigidas aos que *pensam tortuosamente* sobre Deus (1,3), aos *ímpios* edonitas e opressores (2,1ss), aos *apóstatas* dentre os judeus e *aos que sofrem perseguição* (2,12), aos poderosos que *não julgam com retidão* (6,4), aos pagãos que *não chegaram a conhecer aquele que é* (13,1), aos *idólatras* (14,27), aos *inimigos do teu povo, que o oprimiram* (15,14), aos que *escravizaram estrangeiros benfazejos* e *os exploraram com terríveis trabalhos* (19,14.16) (PEREIRA, 1999, p. 21).

Ele ainda escreve exortações dirigidas a várias classes de pessoas: *aos monarcas pagãos* (1,1; 6,1–9,21), *àquele que blasfema* (1,6), contra *os planos do ímpio* (1,9), contra os próprios *ímpios* (4,17-5,14), contra *os poderosos, que* sofrerão *julgamento severo* (6,3-8), contra *os que se extraviaram procurando Deus na natureza* (13,6), contra *os ídolos e os que os fizeram* (14,8-11), contra os que *ajuntaram-se aos ídolos, pensaram mal de Deus e julgaram falsa e injustamente* (14,30), contra os *falsos hospedeiros que ofereceram festas e depois exploraram o trabalho* (19,16). E proclama promessas a outras pessoas: anuncia que *Deus não fez a morte* (1,13) e que *o hades não domina sobre a terra* (1,14), porque a *justiça é imortal* (1,15); ele anuncia a vitória absoluta da Justiça e da Vida (2,1-5,23), pois *as almas dos justos estão nas mãos de Deus* (3,1) e *vivem para sempre* (5,15), participando da realeza de Deus sobre o Universo (5,16-20) (PEREIRA, 1999, p. 22).

Assim, é possível concluir que entre os destinatários estão tanto judeus fiéis, que são exortados a permanecer firmes na fé apesar dos escárnios sofridos dentro e fora da comunidade judaica, quanto os apóstatas, que são convidados a retornar à verdadeira Sabedoria e Justiça. Também estão os pagãos, que são convidados a crer e conhecer a verdadeira Sabedoria e Justiça.

À época da escrita desse Livro circulavam opúsculos dirigidos ao poder real, endereçados a um público imaginário, que aqui se refere aos correligionários fiéis ou apóstatas e também aos pagãos. Havia uma espécie de simbiose e em alguns casos até de amálgama entre a cultura grega e a comunidade judaica helenística de Alexandria. Nas sinagogas o culto e a leitura do Antigo Testamento eram realizados em grego e, embora se insistisse na fé javística (referente a Javé) – nos padrões éticos da Lei, na unidade de Deus, na pureza da doutrina, na retribuição ultraterrena –, o mundo pagão, a cultura grega e a idolatria presente nas manifestações culturais não deixavam de ser extremamente sedutores aos participantes do culto, além, é claro, da perseguição, que enfraquecia os menos decididos. As declarações do autor são enfáticas: a sabedoria de Israel vem de uma fonte superior aos sistemas filosóficos, às religiões mistéricas, às ciências ocultas e também às forças que produzem as obras-primas de artes do mundo grego e pagão; a sabedoria de Israel vem do único e verdadeiro Deus. Assim, não há razão para os judeus migrarem da sua fé para outros sistemas, quer de religião, quer de filosofia, mas deveriam manter-se fiéis às suas tradições como povo predileto de Deus e resguardados do erro e da corrupção (VIRGULIN, 1985, p. 299-300). Esse Livro, que usa com maestria a língua grega, que trafega com versatilidade na filosofia helênica, poderia enganar o leitor desavisado dos seus dias:

> Sim, apesar da aparência helenista, este livro não leva o leitor nem ao desfrute do mundo preconizado pelos filósofos epicureus, nem à abnegação estoica, nem à fuga do mundo proposta pelos dualistas, mas ao âmbito da justiça e da responsabilidade (6,1-11), da providência divina na história (cap. 11–12) e da grandeza do justo sofredor, que pode chamar Deus de Pai (2,10-20) (KONINGS, 2011, p. 110).

O seu objetivo pode ser identificado a partir dos destinatários: nos dias difíceis em que os sequazes de Moisés estão vivendo no Egito, no início da dominação romana, com mudanças sociais muito graves, cujas consequências eles não poderiam imaginar, diante da crescente pressão política, econômica, cultural e religiosa, e ainda diante do crescente perigo da apostasia e da sedução do paganismo, este judeu piedoso expressou sua fé num Deus todo-poderoso, Senhor do Universo, amante da vida, providente justo e misericordioso, colocando seu profundo conhecimento das tradições e da história de Israel a serviço da sua fé e da sua religião, convidando em primeiro lugar seu povo à fé e à firmeza nas suas crenças, e depois todos os demais à conversão à verdadeira Sabedoria. Para isso, aliou seu profundo conhecimento das tradições de Israel e sua história ao espantoso domínio da cultura, literatura e língua gregas para produzir um texto que surpreendesse tanto os seus irmãos judeus quanto os seus opositores. Seu objetivo, portanto, era múltiplo: confirmar a fé dos seus correligionários que se mantinham fiéis às antigas tradições e alertá-los dos perigos e seduções do mundo circundante; convidar os apóstatas a voltarem ao seio da fé verdadeira e chamar os pagãos ao conhecimento e prática da verdadeira Sabedoria e Justiça.

FONTES E INFLUÊNCIAS

O autor da Sabedoria jamais cita diretamente qualquer escrito, seja religioso, seja filosófico, seja em copto – a língua egípcia vernacular –, seja em grego ou hebraico (traduzido):

> Na hora de tentar descobrir passagens concretas da Bíblia em Sabedoria, encontramo-nos com a dificuldade de que o autor não cita jamais explicitamente passagem alguma, segundo é costume nosso e do NT, limitando-se a simples alusões ou referências, e raríssimas vezes a citações implícitas (LÍNDEZ, 1995, p. 66).

Não obstante esse fato, é possível, por dedução, indicar contatos entre o Antigo Testamento, a literatura judaica extrabíblica e a filosofia grega no seu escrito, sempre, é claro, com a cautela necessária de quem infere um dado e não de quem o possui. Três conclusões, entretanto, são muito prováveis: primeira, o autor depende da LXX e conhece o texto hebraico, segunda, é influenciado pela filosofia grega do seu tempo e, terceira, deve conhecer escritos extrabíblicos da literatura judaica.

Como não há citações diretas de autores extrabíblicos e do Antigo Testamento na Sabedoria, tanto é possível multiplicar as referências de possíveis influências quanto minimizá-las, sem nunca ser possível uma resposta final. Algumas influências são muito plausíveis, apesar do seu caráter dedutivo. Em função disso, a seguir são indicadas algumas relações como exemplo das influências supracitadas. Dependendo do perito, essas relações crescem ou diminuem ao longo do estudo da Sabedoria.

Na esteira dessas três grandes influências – do Antigo Testamento segundo a versão da LXX, da filosofia grega e da literatura judaica extrabíblica –, alguns exemplos muito prováveis são apresentados a seguir.

Primeiro, exemplos de influência do Antigo Testamento. A sua principal influência e fonte é o Antigo Testamento: "A fonte principal da Sabedoria é a Bíblia, geralmente na versão dos LXX, mas às vezes também no texto hebraico. (...) O hagiógrafo serve-se da Bíblia com grande liberdade, sendo o seu pensamento sempre muito pessoal" (VIRGULIN, 1985, p. 297).

No geral é possível dizer que nos capítulos 1 a 6 o autor explora, sobretudo, Gn 1–3 e Is 40–46, além de Provérbios, Eclesiástico e alguns Salmos. É possível perceber na interpelação dos "reis" em Sb 1,1 e 6,1 uma referência a Sl 2,10s. Em Sb 1,13-15 e 2,23s, o autor faz uma reflexão a partir de Gn 1–3. Em Sb 2,10-20 e 5,1-5, pode aludir ao Sl 22 e Is 52,13–53,12. Em Sb 4,7ss, o autor deve remontar a Gn 5,24 (LXX) e a outras tradições sobre Henoc, e também a Is 57,1s. Em Sb 2,12 parece haver uma referência direta a Is 3,10. Em Sb 3,14, há traços de Is 56,4s (cf. LÍNDEZ, 1995, p. 66; cf. PEREIRA, 1999, p. 28).

Nos capítulos 6,22 a 9,18 "as influências do AT, sobretudo na versão da LXX, são também muito numerosas, e muitas delas não se podem reduzir a uma passagem determinada; o autor as traça de forma inconsciente e sutil, praticamente não fica corpo da Sagrada Escritura sem citar, desde o Gênesis até os escritos sapienciais, passando pelos profetas e salmos" (LÍNDEZ, 1995, p. 66). Da Sb 7,1 em diante é Salomão quem fala, e seu ponto de referência é 1Rs 3,5-15; 2Cr 1,7-10. Sb 7,17-20 inspira-se em 1Rs 5,9-14. Sb 7,21 refere-se a Pr 8,30. Sb 8 remonta a Pr 4,6 (LXX), Pr 31, Eclo 6,20-28; 15,2. De forma mais ampla, Sb 7–9 está ligado a 1Rs 3–11 e 2Cr 1–9. Sb 9 volta a inspirar-se em 1Rs 3,5-15 e 2Cr 1,7-12 (cf. LÍNDEZ, 1995, p. 66-67; cf. PEREIRA, 1999, p. 28-29).

Nos capítulos 10 a 19 "é a parte em que mais aparece a influência do Antigo Testamento. O autor mostra seu domínio da Escritura, que utiliza do princípio ao fim com seu estilo midráxico alexandrino" (LÍNDEZ, 1995, p. 67). Sb 10,1-14 parece resumir todo o livro de Gênesis. A partir da Sb 10,15 há a referência ao Êxodo e a Números, e também a Sl 78 e 105. Sb 11,17 alude a Gn 1,1s; Sb 11,22 a Is 40,15; Sb 12,12 a Jó 9,12.19.

Sb 16,26 pode referir-se a Dt 8,3, assim como Sb 13, 10-19 alude a Is 44,9-20; Sb 14,5-7 a Gn 6–7; Sb 15,15 a Sl 115,5-7; Sb 19,14-17 a Gn 19,1-11. Sb 11,15–12,27 refere-se ao livro de Jonas. Sb 13–15 é uma apologia contra os ídolos bem atestada nos profetas e Salmos, e Sb 19,6-21 é uma releitura de Gn 1,1–2,4 (cf. LÍNDEZ, 1995, p. 66; cf. PEREIRA, 1999, p. 29).

Segundo, exemplos de influência da filosofia grega. A filosofia grega não é um bloco monolítico e homogêneo. Ao falar-se de influência da filosofia grega, o que se quer é ligar a Sabedoria como obra literária e o helenismo como fenômeno cultural. Essa influência é geralmente relacionada a algumas palavras gregas que ora são usadas de modo diferente da LXX e ora são tomadas do meio ambiente helênico. Dois exemplos de mudança de sentido da LXX para Sabedoria podem ser vistos nos termos: ἀρετή (*areté*) *obra de valor* no AT e *virtude* na Sabedoria (4,1; 5,13; 8,7); κόσμος (*kósmos*) na LXX *ornamento*, em Sabedoria *mundo* (16 vezes). Outros termos são tomados da filosofia platônica e estoica e aplicados a Deus ou à Sabedoria, por exemplo: *prónoia – providência* (14,3; 17,2); *choroýo – penetrar* (7,23s); *diékeo – atravessar* (7,24); *dioikéio – governar* (8,1); *synécho tá pánta – conter todas as coisas* (1,7); *apórroia – eflúvio* (7,25). Certos atributos da Sabedoria derivam do mundo grego, por exemplo: *synéidesis – consciência* (17,11) e *hupóstasis – substância* (14,21?). Outros termos vêm dos cultos mistéricos, como por exemplo: *mýstai – iniciados* (12,5) e *nóthoi – ilegítimos* (4,3). As quatro virtudes dos filósofos gregos são as mesmas do fiel a Deus (8,7) (cf. VIRGULIN, 1985, p. 297-298; cf. PEREIRA, 1999, p. 30-31; cf. REESE, 1970).

E, terceiro, quanto à influência da literatura judaica extrabíblica sobre Sabedoria, geralmente se indicam partes do Livro de Henoc, mais especificamente Hen 1–5, 95–105 sobre Sb 1–6 (cf. PEREIRA, 1999, p. 30-31).

ESTRUTURA E UNIDADE

Entre os peritos há três formas distintas de dividir Sabedoria: em duas, três ou quatro partes, sendo que mesmo estas partes são divididas de forma diversa pelos diferentes pesquisadores. A questão da divisão do livro não encontrou ainda qualquer consenso (cf. LÍNDEZ, 1995, p. 13-17; cf. PEREIRA, 1999, p. 24-28). Um exemplo de divisão tripartida pode ser: I Parte: 1,1–6,21; II Parte: 6,22–9,18; III Parte: 10–19 (LÍNDEZ, 1995, p. 16-17). Um exemplo de divisão tetrapartida pode ser: Parte I: 1,1–6,21; Parte II: 6,22–9,18; Parte III: 10; Parte IV: 11–19 (PEREIRA, 1999, p. 26-28). A Bíblia de Jerusalém divide assim: I Parte: 1,1–6,26; II Parte: 7,1–9,18; III Parte: 10–19. Assumimos, para este livro, a seguinte estrutura:

Sb 1,1–2,24
Sb 3,1–5,23
Sb 6,1-21
Sb 6,22–8,1
Sb 8,2–9,18
Sb 10,1–11,1
Sb 11,2-14 + Sb 16,1–18,4
Sb 11,15–12,27
Sb 13,1–15,19
Sb 18,1–19,22

TEMAS TEOLÓGICOS

A teologia da Sabedoria representa, em alguns aspectos, a continuação de temas antigos e, noutros, nova visão dos temas já encontrados na tradição judaica. Os *temas a seguir alistados* representam as linhas mestras da Sabedoria, e demonstram como o autor organizou a sua obra para atingir seu objetivo.

A Teodisseia. Este tema diz respeito a quem é Deus e o que ele faz. Deus está no centro do Livro, sendo chamado de *ho ón – aquele que é* (13,1). Ele é designado *genesiárches, genesioyrgós – criador* (13,3.5), *diorthotés – regulador do mundo* e *ho tês sophías hodegós – o guia da sabedoria* (7,15), *epíscopos – o superintendente* (1,6), *sotér – o salvador* (16,7). É chamado de *páter – Pai* (2,16; 14,3) com ênfase pessoal desconhecida do restante do AT. Para evitar os antropomorfismos, Deus é designado como *theiótes – divindade* (18,9) e *he dýnamis – a potência* (1,3; 5,23). Deus é apresentado como Deus de todos os homens, amando a todos (11,24.26) e tendo misericórdia de todos (11,23). Assim, todos podem ser amigos de Deus através da sabedoria (7,14; 17,28). Por isso a idolatria deve ser abandonada em favor de Deus (13,1-5) (VIRGULIN, 1985, p. 302-303).

A Sabedoria. Naturalmente o tema da sabedoria ocupa um lugar preponderante no Livro, cobrindo principalmente os capítulos 6,22 a 9,18, mas está presente em todo o Livro (1,4.5.6.10.13.15; 3,11; 10,4.8.9.21; 14,2.5). O tema da sabedoria é um ponto importante dos livros sapienciais. Ela "é identificada com a *Torá* (cf. Eclo 24,22; Br 4,1), com a própria *Palavra dos profetas* (cf. Eclo 24,31; Sb 9,17); e é assemelhada à *Palavra de Deus* (cf. Pr 1,20-23)" (MANNUCCI, 1985, p. 132).

A doutrina da sabedoria recebe nesse Livro seu tratamento mais refinado em todo o AT. A sabedoria tem caráter divino (7,25s), é reflexo de Deus (7,25), convive com ele (8,3; 9,4), partilha seu trono (9,4), conhece seus segredos (8,4), é imaterial (7,22-8,1), é onipotente (7,23s) e onisciente (7,23; 8,4). Ela é também causa eficiente da criação (8,5; 7,12.21), tendo sido assistente de Deus durante a criação (9,9-12). Ela e Deus colocaram o homem no centro da criação (9,2s) e ambos contribuem com o sustento e governo do mundo (1,7; 7,27; 8,1). O agir de Deus na história como salvador e guia do seu povo é atribuído à sabedoria (9,11-12; 10–12; 18–19), podendo ser identificada com o próprio Deus. Algumas das suas propriedades são as mesmas de Deus: ambos moram no homem (1,4s), conhecem tudo (1,7), mantêm a unidade do universo (1,7; 7,22s; 8,1), e inspiram os profetas (7,27). A Sabedoria pode até ser sinônima de Deus (9,1s). Relacionada com os homens, ela é o princípio de todos os bens, sucesso e alegria da vida (8,2-18; 7,12), é a mestra dos segredos divinos (9,13-18), das ciências humanas (7,17s), revela a vontade de Deus (9,10), distribui virtudes para fazer dos homens amigos de Deus (7,14.27) e lhes possibilita entrar no Reino (6,20; 9,12). Para obtê-la, é preciso não rejeitá-la e fugir do pecado (1,4s; 6,15s; 7,27), desejá-la e dedicar-se à oração (7,1-14; 6,12-16; 9,1-18). Sua relação com os homens é descrita com a linguagem do amor e do matrimônio (8,2.9). Ela endireita as veredas (9,18) e salva de todos os perigos, como Deus salvou os justos patriarcas (10,1-14) e Moisés o seu povo (10,15s). Quem a pede humildemente, como Salomão, recebe-a (9,1-12), ela ensina as virtudes (8,7) e traz ciência, riqueza e todos os bens (7,11s; 17–21; 8,10-15) (VIRGULIN, 1985, p. 304; PEREIRA, 1999, p. 34-35).

A sabedoria é personificada no Livro, ou seja, dela se fala como de uma pessoa. Ela personifica a criação e o universo (5,17.20; 16,17.24; 19,6), a Palavra de Deus (18,14-16), e o autor fala dela como de uma pessoa (1,4.6) que pode ser tomada como noiva (8,2-8; cf. Eclo 14,20-15). Fala-se da sua convivência com Deus (8,3) e com o sábio (8,9), e finalmente com este alcança a intimidade conjugal (8,16). A sabedoria é identificada com as qualidades da boa esposa (Pr 31,10-31; Eclo 26,1-4.13-18), a quem se quer perto de si (9,10-12). No capítulo 10, a sabedoria assume o lugar do próprio Deus na história (LÍNDEZ, 1995, p. 70-71).

A Sabedoria deve ser desejada por seu alto valor (7,8ss), e é mais desejável que a mais bela das coisas criadas, a luz (7,29), por isso brilha sem ocaso (7,10). Não deve ser desdenhada (7,17s), antes desejada (8,21–9,4), porque com ela os homens foram formados (9,2). E, finalmente, o autor fala da sabedoria em sua atividade cósmica como do próprio Deus (7,22-8,1); quando o termo sabedoria aparece no início do Livro (1,3-7), poderia intercambiar com outros, como Deus, Potência e Espírito. Ela é artífice do cosmo (7,22) e dos seres (8,6) como Deus (13,1), partilhando o trono de Deus (9,4) (LÍNDEZ, 1995, p. 71-72).

O Espírito. A palavra grega *pnêuma – espírito –* tem uma gama de acepções, e muitas delas estão presentes em Sabedoria. A acepção mais original é a de *vento, ar* (5,11.23), mas há outras, como *alento, respiração*, sinal de vida animal humana (2,3), de angústia (5,3), do sopro vital (15,16), do espírito exalado (16,14). Com locuções, Sabedoria se refere ao Espírito de Deus: o *espírito santo* (1,5), *espírito amigo dos homens* (1,6), *espírito do Senhor*

(1,7), *espírito de Sabedoria* (7,7), *espírito inteligente* (7,22), *teu santo espírito* (9,17), *teu sopro incorruptível* (12,1), e figurativamente *sopro* (11,20). Numa acepção muito secundária de *espíritos* como *seres intermediários entre Deus e os homens*, está sempre no plural: *o poder dos espíritos* (7,20) e *que penetra todos os espíritos* (7,23). No entanto, a mais importante é a que aproxima a Sabedoria do Espírito de Deus:

> Em Israel, o processo de aproximação entre espírito e sabedoria já se manifesta nos profetas (cf. Is 11,2), acelera-se nos sapienciais (cf. Eclo 1,1-10 com Sl 104,27-30) e se consuma no livro da Sabedoria. Na era pós-exílica, quando os sábios substituem os profetas na direção do povo, "descobre-se o mesmo processo de assimilação progressiva da sabedoria divina com o Espírito de Deus, como poder pelo qual Deus criou, conserva e governa o mundo e os homens, como protetora de Israel e como educadora religiosa e moral (Pr 1–9; Eclo; Sb). Mas apenas o livro alexandrino da Sabedoria leva essa assimilação até a identificação da *sofia* com o *pneuma*, e faz da sabedoria, como do espírito, o princípio interno da vida física e da vida moral (LÍNDEZ, 1995, p. 75).

Salomão faz com que os termos sabedoria e Espírito (de Deus) se tornem cambiáveis ou equivalentes (7,27; 9,17). O espírito se torna o Espírito Santo educador (1,4.5; cf. 1,6; 9,17; 7,22-24), penetrando todos os espíritos (7,23s), comunicando as virtudes às almas santas (7,27), e não apenas as ensinando, mas também as produzindo (8,7; 9,18; 25). A máxima aproximação entre *sofia* e *pneuma* é na ação cósmica: o espírito enche a terra e dá consciência aos homens (1,7) e governa a terra (8,1). A ação cósmica do espírito divino da Sabedoria em Sb 7,22ss já estava anunciada em 1,4-7 (LÍNDEZ, 1995, p. 73-76).

A imortalidade. "A doutrina da imortalidade é proposta de forma positiva, sem se aduzirem provas" (VIRGULIN, 1985, p. 303). O pano de fundo natural da doutrina da imortalidade é o seu contraponto inexorável na história humana, a morte. A doutrina da imortalidade em Sabedoria tem uma longa história tanto dentro dos escritos judaicos do AT quanto também na literatura veterotestamentária extrabíblica e na filosofia grega anterior (cf. LÍNDEZ, 1995, p. 76-79). Sem traçar as linhas que conduzem ao pensamento da Sabedoria sobre a imortalidade e das quais o seu autor é devedor, é possível voltar-se ao Livro para deduzir seu pensamento.

Dois termos são centrais no desenvolvimento dessa doutrina: *athanasía – imortalidade* e *aphtharsía – incorrupção*, termos esses que serão estudados logo adiante mais detalhadamente. Ao redor desses dois conceitos desenvolve-se o pensamento do autor da Sabedoria sobre a imortalidade.

A imortalidade é resultado direto da comunhão com Deus e da participação na sua eternidade, ou seja, a imortalidade depende do relacionamento com Deus. Não é algo que simplesmente existe no mundo e o ser humano dela se apropria, mas uma realização do Deus dos judeus. Essa doutrina tem suas fontes no AT e, com modificações, na filosofia platônica. Há questões não respondidas pelo autor da Sabedoria: nada se fala sobre ressurreição, sobre os ímpios e pagãos não se explica sobre o destino das suas almas – se há a morte eterna ou se são aniquiladas –, não se conhece o momento da retribuição ultraterrena; fala-se do juízo geral (2,7s.13s;

4,20–5,5.15s), mas falta uma conclusão direta sobre ele quanto aos pagãos (VIRGULIN, 1985, p. 304; GRELOT, 1975, p. 276).

No pano de fundo dessa doutrina estão as relações entre o justo e o injusto (2,1-20; 3,1-10). Sb 2 pergunta pela fugacidade da vida e Sb 3 levanta as seguintes perguntas: Que valor tem uma vida justa, se a morte põe o mesmo fim tanto ao injusto quanto ao justo? E que sentido tem o sofrimento do justo? Sabedoria responde que a morte não é o fim, mas a passagem, e os sofrimentos são oportunidade de purificação. Para os justos, o estado glorioso depois da morte implicará: descanso (4,7), paz (3,3), saúde (5,2), esplendor (3,7), domínio sobre os povos (3,8), compreensão da verdade e união com Deus (3,9), e vida sem fim (5,15). A imortalidade está garantida para todos que amam a justiça (3,1-9), que se fizeram discípulos da sabedoria (6,17-21) e que seguem a justiça (1,1). Deus criou o homem para a imortalidade (2,23). A morte foi uma invenção do demônio (2,24). Desse modo, os sofrimentos são purificação permitida por Deus (3,4s) e a morte é vista como um êxodo (3,2), uma transferência (3,3), para o justo ela é somente aparente. A morte prematura é uma preservação que tira do pecado e leva para Deus (4,7-14), e, nessa mesma direção, a esterilidade pode ser recompensada com uma vida virtuosa (3,13–4,6) (ASENSIO, 2005, p. 239; VIRGULIN, 1985, p. 303-304).

Para descobrir a novidade do pensamento do autor da Sabedoria, é preciso conhecer o uso que fez das duas principais palavras para falar da imortalidade: *athanasía – imortalidade* e *aphtharsía – incorrupção*.

A palavra *aphtharsía* é de origem grega, não fazendo parte do léxico judaico. Ela ocorre três vezes em Sabedoria: "Deus criou o homem para a *aphtharsía*" (2,23), "o respeito das leis é garantia de *aphtharsía*" (6,18) e "e a *aphtharsía* aproxima de Deus" (6,19). Nesses três contextos a tradução de *"aphtharsía"* empregada pela Bíblia de Jerusalém é *incorruptibilidade*: "Deus criou o homem para a *aphtharsía/incorruptibilidade"*, "o respeito das leis é garantia de *aphtharsía/incorruptibilidade"* e "e a *aphtharsía/incorruptibilidade* aproxima de Deus". O significado mais fundamental para *aphtharsía* é *incorrupção*. Na mentalidade grega o corpo é corruptível, ou seja, degenera-se, desgasta-se, deteriora-se, decompõe-se. O sentido não é de corrupção moral, mas de deterioração física e material; numa compreensão simples: o corpo envelhece, os sistemas entram em colapso, gerando a morte, e com ela o corpo se decompõe. Para os gregos o corpo é corruptível e mortal. Na filosofia de Epicuro – aliás, contestada em Sb 5,1-5 –, os deuses tinham corpo como os homens, mas gozavam da qualidade de serem incorruptíveis, ou seja, tinham a *aphtharsía*, a *incorruptibilidade*. Na filosofia de Epicuro não se justifica por que os deuses têm *aphtharsía*, apenas é uma característica deles, o que lhes permite serem imortais. O autor da Sabedoria dá um sentido pessoal ao termo filosófico epicureu:

> O autor de Sabedoria não teve dificuldade de tomar emprestado dos epicureus um termo carregado de sentido teológico, mas o aplica não a seres divinos, nos quais não crê afora no único Deus, mas ao homem, a todo homem, para expressar o destino definitivo que Deus quis lhe con-

ceder libérrima e amorosamente. O homem é corruptível e mortal segundo sua natureza, mas Deus todo-poderoso quer que participe de sua vida interminável, fazendo-o "imagem do seu próprio ser" (Sb 2,23b; cf. 2Pd 1,4). Para isso o homem deve cooperar como ser livre e responsável, observando suas leis (cf. Sb 6,18s) (LÍNDEZ, 1995, p. 80).

O autor da Sabedoria, entretanto, não pensa no paraíso ou na vida longa e próspera na terra prometida e não projeta a futura eterna morada de Deus com os justos em Jerusalém, como fazem os autores do NT. O seu pensamento é mais linear: ele projeta a vida sem fim ao lado de Deus numa existência além desta vida, como fica evidente pelo uso que faz da outra palavra importante, *athanasía – imortalidade*.

O termo *athanasía* tem o sentido fundamental de *imortalidade*. O substantivo *athanasía* aparece cinco vezes: Sb 3,4; 4,1; 8,13.17 e 15,3; e uma vez aparece o adjetivo *athánatos – imortal* (1,15), quando o texto afirma: "a justiça é *athánatos/imortal*". O termo tem duas acepções distintas dentro da Sabedoria: primeira, de uma *fama imarcescível*, de uma memória ou lembrança que será perene entre os vivos mesmo depois da morte, este é o sentido em Sb 4,1 e 8,13. Segunda, de uma sobrevivência individual e pessoal, depois da morte física ou biológica, ou seja, aqui se fala claramente da *imortalidade*, este é o uso em Sb 3,4 e 15,3. Sb 8,17 pode encaixar-se em qualquer uma das duas acepções anteriores. Com esse termo o autor dá pleno sentido à sua doutrina da imortalidade. O uso que faz desse termo difere de Platão – já que tal termo é eminentemente platônico – em três aspectos: primeiro, Platão fala de uma imortalidade natural da alma, e o autor da Sabedoria liga-a a Deus como fonte da sabedoria; segundo, a ideia de imortalidade em Platão está ligada a elementos místicos da religião helênica e nunca se afastou deles, e o autor da Sabedoria mais uma vez faz da imortalidade um dom de Deus aos homens, e, assim, surge o terceiro aspecto: a imortalidade em Platão é uma conquista de uma pequena elite de sábios; em Sabedoria é um dom concedido a todos os homens que seguem a justiça e a sabedoria (LÍNDEZ, 1995, p. 80-82). O autor da Sabedoria pensa na imortalidade como a vida ao lado de Deus, uma sobre-existência *espiritual* depois da morte física. Mais do que isso, é ultrapassar os limites que Sabedoria circunscreveu.

A justiça e a injustiça. A justiça e sua contraparti-da – a injustiça – são um dos temas centrais no Livro. O autor abre sua monumental obra com as seguintes palavras: "Amai a justiça, vós que julgais a terra" (1,1). Nesse texto a exortação é dirigida a quem tem o poder de julgar, governar, reger os povos. Em Sb 6.1ss proli-feram substantivos, adjetivos, verbos e advérbios sobre governantes: reis (6,1.24), reino (6,4.20), reinar (6,4.21), juízes (6,1), julgamento (6,5), julgar (6,4), retamente (6,4), os elevados (6,5), fortes (6,6), poderosamente (6,6), dono (6,7), grande/grandeza (6,7), soberanos (6,9.21), o poder (6,2), o mando (6,3), lei (6,4.18), cetros (6,21), tronos (6,21). Do próprio Deus se diz: "Justo, governas o universo com justiça" (12,15), o que leva a bondade e a misericórdia a se tornarem atributos divinos (5,18), e, finalmente, se diz da justiça: "a justiça é imortal" (1,15) (LÍNDEZ, 1995, p. 83-84).

O autor contrasta a lei injusta do mais forte (2,11) com a lei justa de Deus (12,16). A antinomia é clara:

a lei injusta dos ímpios é a força e a violência, enquanto a lei justa de Deus é sua onipotência misericordiosa (12,15s), porque Deus é o Justo (1,15), ama suas criaturas (11,24.26) e é compassivo com tudo e todos (11,23). De um lado, não conhecer a Deus leva à idolatria, e esta é a fonte da injustiça (13,1ss); do outro lado, conhecê-lo é fonte de justiça e imortalidade (15,3). O homem foi criado por Deus para exercer a justiça enquanto domina sobre a criação (9,2s). Assim, amar a justiça é fonte de todas as virtudes (8,7). Os ímpios fizeram pacto com a morte (1,16), mas Deus não fez a morte (1,13), portanto, não fez a injustiça. Aos ímpios ou malvados (1,16–2,22; 3,10; 4,3.16) contrapõe-se o justo (2,10.12.18; 3,10; 4,7.16; 5,1), ou os justos (2,16; 3,1-9; 5,15s), ou, ainda, outros com virtude semelhante (3,13s; 4,1s.17; 5,4s). A injustiça é representada pelos injustos, que praticam injustiça social, política, econômica, religiosa, etc., ao passo que a justiça é representada pelos justos, que praticam a justiça, a retidão. Em Sb 11–19 o cenário muda para o contraste entre a idealização da nação justa de Israel, o povo dos justos (11,14; 12,9.19; 16,17.23; 18,7.20) e a idealização da nação injusta do Egito, o povo dos ímpios (11,9; 16,16.18.24; 17,2; 19,1.13). O Deus justo protegerá a nação justa e punirá a injusta, desse modo se fará justiça na história (LÍNDEZ, 1995, p. 84-85).

A idolatria. A condenação da idolatria é um forte tema da Sabedoria (13–15). A condenação da idolatria é absoluta (12,24-27), sendo apresentada em três seções: a condenação do culto à natureza (13,1-9), à origem e à natureza dos ídolos (13,10–15,13) e à zoolatria dos egípcios (15,14-19). No entanto, o que é mais execrável e abominável é que a idolatria traz consigo a injustiça

(14,22ss). O autor, contudo, espera que a justiça prevaleça, ainda que vindicativa (14,31).

REFERÊNCIAS BIBLIOGRÁFICAS

ASENSIO, V. M. *Livros sapienciais e outros escritos*. Trad. M. Gonçalves. São Paulo, Ave Maria, 2005.

BARRERA, J. T. *A Bíblia judaica e a Bíblia cristã: introdução à história da Bíblia*. Trad. R. Mincato. Petrópolis, Vozes, 1995.

GRELOT, P. *Introdução à Bíblia*. 2. ed. Trad. de monjas beneditinas. São Paulo, Paulinas, 1975.

KONINGS, J. *A Bíblia, sua história e leitura: uma introdução*. Petrópolis, Vozes, 1992.

_____. *A Bíblia, sua origem e sua leitura: introdução ao estudo da Bíblia*. 7. ed. Petrópolis, Vozes, 2011.

LÍNDEZ, J. V. *Sabedoria*. Trad. J. R. Costa. São Paulo, Paulinas, 1995.

MANNUCCI, V. *Bíblia, palavra de Deus: curso de introdução à Sagrada Escritura*. Trad. L. J. Gaio. São Paulo, Paulinas, 1985.

PEREIRA, N. B. *Livro da Sabedoria: aos governantes, sobre a justiça*. Petrópolis/São Leopoldo, Vozes/Sinodal, 1999.

REESE, J. *Hellenistic influence on the Book of Wisdom and its consequences*. Rome, Biblical Institute Press, 1970.

SALAZAR, A. C. Sabiduria. In: LEVORATTI, Q. J. *Comentário Bíblico Latinoamericano: Antiguo Testamento, Vol. II, Libros proféticos y sapienciales*. Estella, Editorial Verbo Divino, 2007, p. 883-887.

SCHARBERT, J. *Introdução à Sagrada Escritura*. 4. ed. Trad. F. Dattler. Petrópolis, Vozes, 1983.

VÍLCHES, J. Sabiduria. In: LEAL, J. *La Sagrada Escritura, Texto y Comentario, Antiguo Testamento IV, Los Salmos y los libros salomónicos*. Madrid, Biblioteca de Autores Cristianos, 1969, p. 621-631. (Col. Biblioteca de Autores Cristianos.)

VIRGULIN, S. Sabedoria. In: BALLARINI, P. T. (dir. geral), *Os livros poéticos: Salmos, Jó, Provérbios, Cântico dos Cânticos, Eclesiastes, Eclesiástico, Sabedoria*. Trad. N. B. Perira e E. F. Alves. Petrópolis, Vozes, 1985, p. 284-305. (Coleção Introdução à Bíblia com Antologia Exegética.)

CAPÍTULO 2

AMAR A JUSTIÇA, BUSCAR A DEUS (Sb 1,1-2,24)

*Luiz Alexandre Solano Rossi**

Logo no início do Livro da Sabedoria é possível constatar que seu autor se dirige aos governantes, ou seja, àqueles que detêm o poder (posteriormente, no capítulo 6, os governantes serão melhor denominados como "reis", "soberanos" e "chefes dos povos"). E, diante dos poderosos, a exortação sempre será a mesma: "amem a justiça". A porta de entrada, portanto, do Livro da Sabedoria, é a prática da justiça nas relações interpessoais. No caminho da justiça encontramos Deus e nos solidarizamos com os pobres. Assim, amar a justiça e buscar a Deus seria, para o autor, a mesma coisa.

1,1-5: [1]Amem a justiça, vocês que governam a terra. Pensem corretamente no Senhor e o procurem de coração sincero. [2]Pois ele se deixa encontrar por aqueles que não o tentam, e se manifesta para aqueles que não recusam acreditar nele. [3]Os pensamentos tortuosos separam de Deus, e o poder dele, posto à prova, confunde os insensatos. [4]A

---

* Mestre em Teologia (ISEDET/BsAs), doutor em Ciências da Religião (UMESP), pós-doutor em História Antiga (UNICAMP) e em Teologia (Fuller Theological Seminary). Professor no mestrado e doutorado em Teologia da PUCPR e na Uninter (Centro Universitário Internacional). Email: luizalexandrerossi@yahoo.com.br

sabedoria não entra na alma que pratica o mal, nem habita num corpo que é escravo do pecado. [5]O espírito santo, que educa, foge da fraude, afasta-se dos pensamentos insensatos, e é expulso quando sobrevém a injustiça.

Amar a justiça se define numa perspectiva horizontal, ou seja, trata-se de uma ação que acontece no horizonte da história. A justiça é pensada a partir da performance no cotidiano. E, no cotidiano, a justiça deveria permear as relações interindividuais e tecer a sociedade, ou seja, deve ser desejada e praticada. Afinal, não basta o conhecimento intelectual de qual seja a vontade de Deus. Conhecer sem praticar é o mesmo que desconhecer! Todavia, a responsabilidade é lançada sobre os líderes. Afinal, em toda a primeira parte do Livro nos deparamos com uma dramática representação de forças em confronto. Entretanto, seria melhor falar num confronto entre "força e fraqueza". Pois os justos são apresentados desempenhando um papel passivo – são observados, julgados, traídos e tratados com violência – diante da atividade contínua dos injustos. A justiça deve ser compreendida como um programa de vida que exige uma atitude pessoal muito comprometida. Amar exige doação, desprendimento. Na radicalidade do amor ágape pela justiça, como se encontra no texto original, encontraremos muito tempo depois, no Novo Testamento, o apóstolo João usando essa mesma palavra – ágape – para expressar a radicalidade do amor de Deus pelas pessoas: "Porque Deus amou o mundo de tal maneira, que deu o seu Filho unigênito para que não morra quem nele acredita, mas tenha a vida eterna" (Jo 3,16).

No contraponto do capítulo 6, que encerra a primeira parte do Livro, nos deparamos com outra expressão surpreendente e, ao mesmo tempo, complementar à justiça: "honrai a sabedoria" (6,21). A Sabedoria é apresentada como celeste, portanto, "do alto". Não se trata, dessa forma, de uma virtude humana, que poderia ser reduzida a um corpo de doutrinas; mas sim da personificação de algo divino. Aproxima-se da Sabedoria pela prática da justiça. Amar a justiça, portanto, é se fazer discípulo da Sabedoria. Duas realidades que se unem, terra e céu, num só projeto. Céus e terra ligados de uma tal maneira que a justiça se apresenta como o fruto sobre-excelente da Sabedoria. Justiça e Sabedoria são apresentadas como realidades complementares, a fim de proteger a integridade dos justos/pobres.

Deve-se amar a justiça porque o próprio Deus ama a justiça ("Porque eu, o Senhor, amo a justiça" – Is 61,8; "Sei, meu Deus, que sondas o coração e amas a justiça" – 1Cr 29,17). E por isso, ele se encontra sempre nos lugares onde existe a prática da justiça e, ao mesmo tempo, se coloca contra os injustos e a prática da injustiça. Amar a justiça é um tema recorrente também nos Salmos. Dois deles se destacam, a saber: 45,8 – "Tu amas a justiça e odeias a impiedade" – e 11,7 – "Sim, o Senhor é justo, ele ama a Justiça". Mas de que tipo de justiça se trata e por que ela deve ser amada? O autor do Livro, a princípio, não deixa lugar para dúvidas. Para ele se trata da justiça que está presente no governo e, de forma consequente, no exercício da autoridade. Dessa forma, a relação pode ser compreendida como a maneira em que se exerce o poder – poderíamos pensar, por exemplo, no Sl 72,1-2: "Ó Deus concede ao rei teu julgamento e a tua justiça ao filho do rei: que ele governe teu povo com justiça e teus pobres conforme o direito". O Livro da Sabedoria é destinado, assim, a todas as esferas de relação de poder. Desde os mais altos escalões até mesmo àqueles que exercem alguma forma de poder em suas relações pessoais. Mas a instrução é por demais adequada: todas as relações de poder, sejam elas quais forem, precisam necessariamente ser temperadas com justiça e sabedoria.

Mas não basta amar a justiça. Também se faz necessário "pensar corretamente no Senhor e procurá-lo com coração sincero". Duas ações importantes. Afinal, pensar corretamente sobre Deus é pensar no caráter dele. O insensato diz em seu coração: "Deus nada vê", e continua praticando as mesmas violências e abominações. Esquece-se da tradição profética que indica, fortemente, que Deus vê muito bem a prática violenta dos injustos e desvia sua face (Is 1,17 e Mq 3,4 são ótimos exemplos dessa tradição profética). Há urgência nas palavras do autor. Não se pode deixar para amanhã o projeto de Deus e, para evidenciar a urgência de sua mensagem, o autor usa três vezes o imperativo: amai, buscai e pensai.

Coração sincero significa um coração não dividido. A pessoa com o coração dividido e que é fiel a dois senhores vive como se não vivesse. Não pertence nem a um nem a outro. Para essa pessoa, tanto faz seguir o projeto de Deus quanto o projeto de Baal. Trata-se de um "meio fiel". E muitos são os que assim vivem, isto é, de forma fragmentada: assumem compromissos pela metade; doam-se pela metade, amam pela metade, perdoam pela metade, solidarizam-se pela metade, são cristãos pela metade, discípulos de Jesus pela metade, pais e mães pela metade, trabalhadores pela metade, amigos pela metade, misericordiosos pela metade, "cheios" do Espírito Santo pela metade. Enfim, vivem pela metade, quando deveriam viver integralmente. E, novamente, os profetas indicam o caminho para que a procura seja somente de Deus e de seu projeto: "procurai o Senhor e vivereis" (Am 5,6); "procurai o bem e não o mal para que possais viver" (Am 5,14); "Escutai-me, vós que estais à procura da justiça, vós que procurais o Senhor" (Is 51,1). Coração inteiro evidencia que não é dividido. Trata-se do coração que expressa uma disposição interior que nega, de forma veemente, quaisquer possibilidades de viver de forma dissimulada, desleal, hipócrita e falsa.

E, além disso, devemos notar, mais uma vez, a relação entre céu (vertical) e terra (horizontal), que parece ser importante para o autor. A relação com Deus passa, necessariamente, pela mediação humana, isto é, a maneira pela qual as múltiplas relações inter-humanas são construídas ou não a partir da justiça. Amar a justiça e procurar a Deus seriam como sinônimos. Talvez a mais bela expressão bíblico-teológica esteja em Jr 22,16. "Conhecer a Javé" é, de fato, um conceito-chave da proclamação de Jeremias. A realização do direito do pobre evidencia-se no conhecimento de Deus. Mas devemos estar atentos para o fato de que a expressão somente aparece após a descrição de ações e comportamentos necessários que têm como foco a proteção dos mais vulneráveis da sociedade. Lemos em Jr 22,16: "ele julgou (referindo-se ao rei Josias) a causa do pobre e necessitado; e tudo corria bem para ele. Não é isso me conhecer? Diz o Senhor". O texto não se expressa da seguinte forma (que para muitos poderia ser uma forte tentação): "porque ele me conheceu, ele julgou a causa do pobre e necessitado". De fato, não podemos reduzir o relacionamento com Deus a uma mera gnose ou a um simples acúmulo de conhecimento teórico. Poderíamos lembrar aqui as palavras registradas nos Evangelhos de que "o que ligarem na terra, será ligado no céu; e o que desligarem na terra, será desligado no céu!". Não há espaço para alienação, de fuga para um outro mundo ou, até mesmo, de negação do próprio mundo. A vida do dia a dia é decisiva, inclusive, para o céu. O desconhecimento de Deus, portanto, tem como greve consequência a perversão da vida.

O autor insiste em dizer que são dois caminhos completamente diferentes – como não trazer à memória o famoso salmo dos caminhos, o Sl 1 –, pois, afinal, o poder de Deus confunde os insensatos, a sabedoria não entra na alma e não faz parte daquele que pratica a maldade. Claro está que o poder de Deus funciona como um instrumento que desconstrói a insensatez. E, na metáfora dos caminhos, é necessário reconhecer que se é recomendado amar a justiça, por outro lado, também é anotado que a prática da injustiça expulsa o espírito santo da instrução. O caminho dos injustos conduz à morte (v. 11ss); enquanto o caminho dos que amam a justiça conduz à imortalidade (1,1; 3,4; 4,1; 15,3).

O v. 5 é carregado de dramaticidade ao salientar que o "espírito santo educador" foge quando se apresenta a injustiça. Não devemos pensar aqui na formação humanista dos gregos. "Espírito que educa" possui relação com a formação judaica para viver conforme a lei de Deus, guiada, é claro, por seu espírito. Não há como pensar em convivência pacífica entre ambos no mesmo ambiente. É importante salientar que a reflexão cristã dará continuidade a essa percepção. E, nela, o Espírito Santo, como pessoa divina, habitará nos justos, dirigirá e ensinará os discípulos (Jo 14,16.26; 16,13; 1Jo 2,27). A presença de um exige, naturalmente, a ausência do outro. Não são, portanto, força que se unem e, sim, forças antagônicas. A injustiça se apresenta como perversidade que atenta contra a dignidade humana. Não por outra razão, lemos que a Sabedoria não entra na alma que pratica o mal (v. 4). Está claro que a habitação da Sabedoria é o corpo do justo. No justo encontramos, portanto, o templo da Sabedoria. A percepção do ser humano integral se faz essencial para o autor. Nesse sentido, a injustiça, como estilo de vida, fragmenta o que é inteiro. Quando a injustiça assume o "comando" de nossos corpos e ações, desconstruímo-nos e nos tornamos reféns da maldade. Se a justiça dignifica e restaura a dignidade das pessoas, a injustiça, por sua vez, mata violentamente.

1,6-11: [6]A sabedoria é um espírito amigo dos homens, mas não deixa impune quem blasfema com os lábios, porque Deus é testemunha de seus sentimentos, observa de fato a sua consciência e ouve as palavras de sua boca. [7]O espírito do Senhor enche o universo, dá consistência a todas as coisas e tem conhecimento de tudo o que se diz. [8]Por esse motivo, quem fala coisas injustas não escapará dele, e a justiça vingadora não o poupará. [9]Haverá investigação sobre os projetos do injusto, e o rumor das palavras dele chegará até o Senhor, e seus crimes ficarão comprovados. [10]Um ouvido atento tudo escuta: nem mesmo o sussurro das murmurações lhe escapa. [11]Portanto, tomem cuidado com a murmuração inútil, e evitem a maledicência. Mesmo secreta, a palavra não fica sem consequências, e a boca mentirosa mata a alma.

Nesse momento o autor passa a incluir, por duas vezes, um termo novo e seu poder de destruição: a língua. Ela tem o poder de acabar com a própria vida. O poder da língua é como a de um exército poderosíssimo. Tg 3,6-12, muito tempo depois do nosso texto de estudo, atualiza o poder gerador de violência e de morte da língua:

> [6]A língua é um fogo, o mundo da maldade. A língua, colocada entre os nossos membros, contamina o corpo inteiro, incendeia o curso da vida, tirando a sua chama da geena. [7]Qualquer espécie de animais ou de aves, de répteis ou de seres marinhos são e foram domados pela raça humana; [8]mas nenhum homem consegue domar a língua. Ela não tem freio e está cheia de veneno mortal. [9]Com ela bendizemos o Senhor e Pai, e com ela amaldiçoamos os homens, feitos à semelhança de Deus. [10]Da mesma boca sai bênção e maldição. Meus irmãos, isso não pode acontecer! [11]Por acaso, a fonte pode fazer jorrar da mesma mina água doce e água salobra? [12]Meus irmãos, por acaso uma figueira pode dar azeitonas, e uma videira pode dar figos? Assim também uma fonte salgada não pode produzir água doce.

Tanto o autor do Livro de Sabedoria quanto Tiago trazem para nós uma mensagem que não se tornou refém do tempo e do local, ou seja, como nossas palavras chegam até as pessoas? Produzimos vida ou morte quando falamos? Bênção ou maldição, bem-estar ou enfermidade ... quais são os conteúdos de nossas palavras?

A blasfêmia se relaciona, possivelmente, com aqueles que afirmam de forma insolente que Deus seria insensível ou, até mesmo, infiel com os justos e, com isso, deixaria que os justos sofressem. No entanto, a tradição bíblica sempre nos relembra que Deus não se esquece dos justos e, sim, dos injustos (leia Is 1,19 e Mq 3,4).

O v. 9 merece um destaque especial. Nele aparece claramente que os injustos têm um projeto. Uma indicação de que a ação deles é premedita, preconcebida, planejada. Sabem muito bem o que querem e o que fazer para obter o que se deseja. Por isso que o autor fala de exame rigoroso dos planos dos injustos. Os planos deles são carregados de maldade e são malignos. Eles ferem, torturam e violentam os mais fracos de forma planejada, calculista e fria. Situação que em muito lembra a forte crítica feita pelo profeta Miqueias alguns séculos antes: "Ai daqueles que, deitados em sua cama, ficam planejando a injustiça e tramando o mal. É só o dia amanhecer, já o executam, porque têm o poder nas mãos" (Mq 3,1).

1,12-15: [12]Não procurem a morte, desviando a própria vida de vocês, nem provoquem a ruína com as obras que vocês praticam, [13]pois Deus não fez a morte, nem se alegra com a perdição dos seres vivos. [14]Ele criou tudo para a existência, e as criaturas do mundo são sadias: nelas não há veneno de morte, nem o mundo dos mortos reina sobre a terra, [15]porque a justiça é imortal.

Deus não fez a morte (v. 13) é uma declaração audaciosa do autor. Recorro a Pereira (1999, p. 59), a fim de trazer um pouco mais de luz à questão, pois, de fato, a morte sempre é surpreendente e perturbadora na realidade finita e temporária do ser humano. Naturalmente vivemos e naturalmente morremos:

Já o Livro do Gênesis fala da morte como sanção, que poderia ter sido evitada: "No dia em que comeres do fruto da árvore do conhecimento do bem e do mal, nesse dia hás de morrer" (cf. Gn 2,17). Linguagem semelhante é a empregada em Ezequiel: "Aquele que pecar, esse morrerá" (cf. Ez 18,4). Moisés apresenta ao povo a opção a ser feita: "Eu te proponho a vida ou a morte, a bênçãos ou a maldição. Escolhe, pois, a vida..." (cf. Dt 32,19). Finalmente, no quarto evangelho temos a insistência no dom da vida (...) "Eu vim para que tenham vida e vida em abundância" (cf. Jo 10,10). Tanto a vida como a morte, pois, intercambiam, nesses textos, duas dimensões: a dimensão física, e nesse sentido a morte faz parte da natureza mortal do ser humano, e a dimensão escatológica, definitiva, a ser sofrida pelos ímpios, como fruto de sua injustiça.

Onde reside a imortalidade da justiça? A imortalidade da justiça reside no próprio Deus que é imortal. A justiça é um atributo do próprio Deus e, de forma consequente, aqueles que amam a justiça, também amam, simultaneamente, a Deus! O v. 15, de fato, quebra as regras da cronologia estática de qualquer ser humano e se estende para o infinito. Ela é imortal e, por isso, impeditiva dos planos dos injustos. A injustiça jamais terá a última palavra, mesmo que os governantes estejam em aliança com ela. A última palavra será sempre e eternamente da justiça. Assim como Deus se estende para além dos nossos dias e domina sobre o tempo e o espaço, também a justiça vai além, seguindo seus passos.

A justiça é proposta como centro da vida humana. Seria, até mesmo, um fio que costuraria as pessoas entre si para que vivessem de forma fraterna e solidária.

A ausência de justiça leva à morte. Assim, a morte de muitas pessoas não se deve a Deus, mas aos injustos e seus projetos que anularam, através de seus atos de injustiça, a vida para todos a fim de que somente eles tivessem vida. A vida foi tomada como refém pelos injustos e privatizada. Jesus, posteriormente, recuperará o projeto de Deus, afirmando e democratizando o direito de viver: "Eu vim para que tenham vida e vida em abundância" (Jo 10,10).

1,16–2,5: [16]Com gestos e palavras, os injustos invocam a morte para si mesmos. Eles pensam que a morte é amiga e a desejam ardentemente, chegando a fazer aliança com ela. São realmente dignos de pertencer à morte. [2,1]Raciocinando de forma errada, eles comentam entre si: "Nossa vida é curta e triste: quando chega o fim, não há remédio, e não se conhece ninguém que tenha voltado do mundo dos mortos. [2]Nascemos por acaso, e depois seremos como se nunca tivéssemos existido. Nossa respiração é fumaça, e o pensamento é uma faísca produzida pelo pulsar do coração. [3]Quando a faísca se apaga, o corpo se transforma em cinza e o espírito se espalha como ar sem consistência. [4]Com o tempo, o nosso nome fica esquecido, e ninguém mais se lembra do que fizemos. Nossa vida passa como rastro de nuvem, e se dissipa como neblina expulsa pelos raios do sol e dissolvida pelo seu calor. [5]Nossa vida é uma sombra que passa, e depois de morrer não voltaremos. Colocado o lacre, ninguém mais poderá retornar".

Nesse momento o autor introduz o discurso dos injustos. Mas, aqui, a palavra ocorre pela primeira vez no plural. Trata-se daqueles que não praticam a justiça e, por isso mesmo, podem ser chamados de insensatos, porque não se deixam guiar pela Sabedoria. Os injustos fazem aliança com a morte. Isso significa dizer que o projeto e o caminhos deles são orquestrados pela morte. Interessante perceber que aparentemente, para os injustos, não há sentido ou finalidade de vida. "Nascemos por acaso", sentenciam. O acaso se tornava o "Deus" deles e, assim, o não Deus propõe uma aliança baseada na morte. Trata-se de uma inversão radical do projeto da Aliança de Deus com o seu povo. Ao abraçarem a morte como projeto de vida eles, os injustos, negam o Deus da vida e, com isso, quebram a Aliança. Tais injustos jamais poderiam rezar: "Ergo meus olhos para os montes, de onde me virá o socorro? Meu socorro vem de Deus que fez o céu e a terra". Aqueles que conseguem rezar o Salmo, possivelmente, jamais verão o horizonte fechado e a esperança fugindo por entre os dedos.

"Nossa vida é curta e triste" (2,1). Tão poucas palavras e marcadas profundamente com tons de pessimismo e desesperança. O horizonte dos injustos se encontra fechado. As sombras povoam absolutamente os dias de cada um dos que praticam a maldade. Há verdadeiro drama nessas palavras. Eles foram, claramente, escravizados pelo sentimento de tristeza. Líndez (1995, p. 136) reforça a compreensão:

Na concepção dos ímpios se nega toda esperança em futuro para além da morte. Sua morte e seu destino (2,9) se encerram no breve espaço de tempo que dura a vida presente. Por isso não esperam nenhuma recompensa ou prêmio algum, porque, por detrás da morte nos espera, segundo eles, o vazio absoluto. Compare-se com a sentença de Paulo em 1Ts 4,13: "Irmãos, não queremos que ignoreis a sorte dos que morrem, para que não vos aflijais como esses outros que não têm nenhuma esperança".

A morte se apresenta como a herança de cada um dos injustos. E, por causa dessa filosofia de "vida", vemos uma espiral de morte e de violência se intensificar da seguinte maneira: a) compreensão de que a vida é breve (2,1-5); b) se a vida é breve, deve-se aproveitá-la ao extremo (2,6-11); c) mas como aproveitar a vida intensamente se o justo atrapalha? (2,12-16); d) elimine-se, portanto, aquele que impede a filosofia de "vida", elimine-se o justo (2,17-20). Uma espiral de violência que somente é interrompido com a morte do justo. Note-se bem que as vítimas da concepção de vida – ou programa de vida – dos injustos são sempre os fracos, personificados no texto no pobre, na viúva e no ancião.

Qual o sentido da vida? O que fazer entre o nascimento e a morte? Como e com o que preencher a distância entre o nascimento e a morte?

2,6-11: [6]Sendo assim, vamos gozar os bens presentes e usar as criaturas com ardor juvenil. [7]Vamos embriagar-nos com os melhores vinhos e perfumes, e não deixar que a flor da primavera escape de nós. [8]Vamos coroar-nos com botões de rosa, antes que murchem. [9]Que nenhum de nós fique fora de nossas orgias. Vamos deixar por toda parte sinais de nossa alegria, porque essa é a nossa sorte e o nosso destino. [10]Vamos oprimir o pobre inocente e não vamos poupar as viúvas, nem respeitar os cabelos brancos do ancião. [11]A nossa força será regra da justiça, porque o fraco é claramente coisa inútil.

A prepotência parece que não conhece limites. O autor denuncia de forma enfática a violência com que os injustos atuam. Eles "não respeitando a força do direito, mas, por incrível que pareça, proclamando o direito da força: Seja a nossa força, dizem eles, a norma da justiça" (PEREIRA, 1999, p. 65). Impõe-se a lei do mais forte e, assim, toda a ordem de valores é pervertida ou eliminada. Nesse modo de viver qualquer perversidade está justificada se aquele que a executa é o mais forte. A força bruta e sem misericórdia dos injustos tem alvos bem concretos e determinados, são eles: o pobre, as viúvas, o ancião. A ação dos injustos é planejada e marcada pela violência, e eles sabem muito bem o que fazer e como fazer para cada grupo nominado: oprimir, não poupar, não respeitar. Eles reduzem o tempo de sua existência à prática do mal. Querem aproveitar o tempo desde que cause dor em todos os demais. Os bens presentes e tangíveis são os únicos que eles podem desfrutar e, por conta disso, esqueceram-se de plantar para a eternidade. As palavras de Is 22,13 servem como uma boa interpretação desse fato: "Em vez disso o que se viu foi divertimento e alegria, matança de bois e abate de ovelhas, gente comendo carne e bebendo vinho: 'Comamos e bebamos, que amanhã morreremos'".

Interessante perceber a crítica, como negação, que é feita à teologia da retribuição. Em 2,10a, encontramos o primeiro alvo dos injustos, "o justo que é pobre e indefeso", negando, de forma veemente, a teologia da retribuição como aparece no Sl 37,25: "Fui jovem e já estou velho, mas nunca vi um justo abandonado, nem sua descendência mendigando pão". A lógica dos injustos é letal. Para eles, pobres, viúvas e anciãos não servem para nada e, por isso, podem ser descartados. Uma sociedade que descarta pessoas se transforma numa sociedade que cultua a morte e, nessa ética utilitária, produz "lixões humanos" a céu aberto.

2,12-16: [12]Vamos armar ciladas para o justo, porque ele nos incomoda e se opõe às nossas ações. O justo reprova as transgressões que cometemos contra a Lei, e nos acusa de faltas contra a educação que recebemos. [13]Ele declara ter o conhecimento de Deus, e se diz filho do Senhor. [14]Ele se tornou uma condenação para os nossos pensamentos, e somente vê-lo já é coisa insuportável. [15]Sua vida não se parece com a dos outros, e seus caminhos são todos diferentes. [16]Ele nos considera moeda falsa e se afasta de nossos caminhos para não se contaminar. Proclama feliz o destino dos justos e se gaba de ter Deus como pai.

Não há, por parte dos justos, um sofrimento passivo. Eles não vivenciam a violência passivamente. O próprio modo de ser de cada um deles se apresenta como se fosse uma denúncia dos gestos e dos pecados dos injustos. Assim, a simples presença dos justos e de seu estilo de vida condena os injustos com sua antifilosofia de vida. A percepção de Pereira (1999, p. 67) é fundamental para compreender os dois estilos de vida que se contrapõem:

> Trata-se de duas maneiras de ser e viver que são irreconciliáveis: se o ímpio quer aproveitar ao máximo a vida presente, inclusive valendo-se da força e oprimindo os fracos, o justo, ao contrário, orienta sua vida pelo conhecimento de Deus e a correspondente prática da justiça, que lhe garante a imortalidade e, por isso mesmo, é solidário e renuncia à violência.

A presença do justo é incômoda pois, seu projeto de vida, é fundamentado no Deus da justiça e da vida. Portanto, o justo funciona, metaforicamente, como um espelho que revela para o injusto o que realmente ele é e faz. O v. 13 traz dois fundamentos que definem o justo, a saber, o conhecimento de Deus e a filiação divina.

2,17-24: [17]"Vejamos se é verdadeiro o que ele diz, e comprovemos o que lhe vai acontecer no fim. [18]Se o justo é filho de Deus, Deus cuidará dele e o livrará da mão dos seus adversários. [19]Vamos prová-lo com insultos e torturas, para verificar a sua serenidade e examinar a sua resistência. [20]Vamos condená-lo a sofrer morte vergonhosa, porque ele mesmo diz que não lhe faltará socorro". [21]Eles pensam assim, porém estão enganados, porque a maldade deles os deixa cegos. [22]Não conhecem os segredos de Deus, não esperam o pagamento pela santidade, nem acreditam na recompensa das vidas puras. [23]Sim, Deus criou o homem para ser incorruptível e o fez à imagem da sua própria natureza. [24]Mas, pela inveja do diabo, entrou no mundo a morte, que é experimentada por aqueles que pertencem a ele.

A tortura faz parte dos planos dos injustos. Não há limites para as suas ações até que seus planos estejam completamente realizados. Na verdade, os injustos agem não somente contra os justos, é possível dizer que a ação deles também atinge diretamente a Deus. Provocam, torturam e assassinam os pequeninos de Deus como uma forma de feri-lo. Os injustos são cegos pela maldade, não conhecem Deus, são extraviados. Se amar a justiça significa desejá-la e praticá-la, seu reverso, isto é, a violência, também exige um exercício prático. Assim, os injustos vivem em seu cotidiano uma performance de atos criminosos e de tortura. Fazem do dia a dia um laboratório de violência. O alvo de suas ações são os justos (pobre, viúvas, anciãos). Mas não somente eles, pois, também, estão em oposição a Deus, provocando-o para ver se ele age para libertar os fracos. Tiago, em sua época, registra muito bem a violência explícita contra o fraco: "Condenaste o justo e o pusestes à morte, e ele não resistiu" (Tg 5,6).

Não podemos deixar de perceber a confissão de fé do nosso autor. Em sua teologia, Deus criou o ser humano à sua imagem e semelhança e, portanto, ele também deve ser imortal, assim como Deus é imortal. Consequentemente, a morte não deve ter feito parte do plano original de Deus, como afirmado em 1,13. Pereira (1999, p. 71) reconhece que a prática da justiça, que é imortal, se apesenta como imagem de Deus e "permanece como germe de imortalidade e vence a morte física, enquanto os impuros, aqueles que são do partido da morte, experimentarão o sofrimento".

REFERÊNCIAS BIBLIOGRÁFICAS

CERESKO, Anthony R. *A Sabedoria no Antigo Testamento. Espiritualidade libertadora*. São Paulo: Paulus, 2015.

CONTI, Martino. *Sapienza. Nuovissima Versione della Bibbia daí testi originali*. Roma: Edizioni Paoline, 1981.

LÍNDEZ, José Vílchez. *Sabedoria*. São Paulo: Paulus, 1995.

PEREIRA, Ney Brasil. *Livro da Sabedoria. Aos governantes, sobre a justiça*. Petrópolis/São Leopoldo: Editora Sinodal/Vozes, 1999.

Capítulo 3

OS PARADOXOS ENTRE JUSTOS E INJUSTOS (Sb 3,1-5,23)

Luiz Alexandre Solano Rossi[*]

A vida traz inúmeros paradoxos. Todavia, os paradoxos não são os mesmos, necessariamente, para todas as pessoas, em todas as épocas e em todos os lugares. O livro da Sabedoria, poderíamos dizer, possui hora e local para a sua produção e, nesse sentido, seu autor procura responder aos paradoxos que eram próprios de sua época e que preocupavam sobremaneira seu povo. E, sem dúvida, a contradição que colocava em extremos opostos era, justamente, a do fracasso dos justos e do triunfo dos ímpios. Onde estaria Deus? O lugar privilegiado dele seria o do fracasso ou o da vitória?

3,1-12: [1]A vida dos justos, ao contrário, está nas mãos de Deus, e nenhum tormento os atingirá. [2]Aos olhos dos insensatos, aqueles pareciam ter morrido, e o seu fim foi considerado como desgraça. [3]Os insensatos pensavam que a partida dos justos do nosso meio era um aniquilamento, mas agora estão na paz. [4]As pessoas pensavam que

---

[*] Mestre em Teologia (ISEDET/BsAs), doutor em Ciências da Religião (UMESP), pós-doutor em História Antiga (UNICAMP) e em Teologia (Fuller Theological Seminary). Professor no mestrado e doutorado em Teologia da PUCPR e na Uninter (Centro Universitário Internacional). Email: luizalexandrerossi@yahoo.com.br

os justos estavam cumprindo uma pena, mas esperavam a imortalidade. [5]Por uma breve pena receberão grandes benefícios, porque Deus os provou e os encontrou dignos dele. [6]Deus examinou-os como ouro no crisol, e os aceitou como holocausto perfeito. [7]No dia do julgamento, eles resplandecerão, correndo como fagulhas no meio da palha. [8]Eles governarão as nações, submeterão os povos, e o Senhor reinará para sempre sobre eles. [9]Os que nele confiam compreenderão a verdade, e os que lhe são fiéis viverão junto dele no amor, pois a graça e a misericórdia estão reservadas para os seus escolhidos. [10]Os injustos, porém, serão castigados por sua maneira de pensar, porque desprezaram o justo e se afastaram do Senhor. [11]É infeliz quem despreza a sabedoria e a disciplina. Sua esperança é vazia, suas fadigas não produzem fruto, e suas obras são inúteis. [12]Suas mulheres são insensatas, seus filhos depravados, e sua descendência é maldita.

O autor procura responder aos paradoxos que afetavam o justo e que haviam sido semeados pela teologia da retribuição. Os paradoxos enfrentados pelos justos e as respostas que procuravam eram: paradoxo do sofrimento, paradoxo da falta de descendência e paradoxo da morte prematura. No horizonte do autor se encontrava, de fato, a teologia da retribuição, que apresentava uma espiritualidade que acentuava o bem-estar em detrimento da insuficiência do bem viver. Assim, a teologia da retribuição reduzia o justo a três características essenciais, a saber: a prosperidade, um grande número de filhos e vida longa. Todos aqueles que não se enquadrassem nessas características não poderiam ser denominados justos e, consequentemente, se encontravam muito distantes de Deus. No entanto, o sentido e a finalidade da vida não se encontram cristalizadas ou, ainda, reduzidas a essas características. O autor está convencido de que o sentido e a finalidade da vida são definidos pela prática da justiça, que se apresenta como imortal.

Os justos nas mãos de Deus parecem fazer eco à também belíssima expressão de Is 57,1-2a: "O justo perece e ninguém toma conhecimento; os bons são ceifados e ninguém se perturba. Sim, o justo foi ceifado, vítima da maldade, mas ele alcançará a paz". A segurança dos justos, depois da morte, é exprimida com a expressão: "nas mãos de Deus", que significa o domínio absoluto e favorável de Deus sobre suas criaturas. O autor de Sabedoria traz à luz uma contraposição entre as ações dos injustos e as ações de Deus. Enquanto as ações dos primeiros eram marcadas pelo império da dor, do sofrimento e da tortura, as ações de Deus são marcadas pela segurança que é concedida à vítima. As mãos de Deus indicam seu poder a favor da proteção dos indefesos. Jamais poderia existir outro lugar de refúgio para aqueles que experimentavam a angústia da tortura – seja ela física, seja existencial – do que se sentir seguros nas mãos do Deus acolhedor e libertador. Quanta diferença na experiência vivida pelos justos: das mãos injustas dos adversários para as mãos amorosas de Deus. Todavia, é necessário deixar claro que a "mão de Deus" também aparece nos textos bíblicos com um sentido desfavorável (veja, por exemplo, 2Cr 32,13-15; Jó 19,21).

O tema da "visita divina" coloca em relevo que a visita de Deus possui um caráter duplo, ou seja, de bênção e de julgamento. Parece claro que a ação de Deus não é pensada como algo que acontece fora da história – numa perspectiva escatológica – e, sim, na própria história que se está vivendo. Assim, a percepção de Pereira (1999, p. 76) deve ser reafirmada: "É já na história e através dos justos que Deus vai realizando o julgamento e construindo seu reinado". Não há, portanto, um processo de alienação do justo e de sua história. Poderíamos, enfim, salientar que a esperança possui densidade histórica. E que formidável cenário literário é construído pelo autor. Se os ímpios vivem a partir de uma esperança vazia (v. 11c), os justos, por sua vez, vivem uma esperança cheia de imortalidade (v. 4b). A experiência da esperança acontece a partir do concreto da vida. Somente aqueles que semeiam esperança no presente poderão contemplar os frutos da esperança escatológica.

A temática que envolve o v. 9 – *graça e misericórdia* – é surpreendente. Graça e misericórdia envolvem apenas aqueles que confiam em Deus e, por conta disso, compreenderão a verdade. Os dois termos expressam a benevolência divina sem prévios merecimentos da parte de seus fiéis. A gratuidade do amor de Deus pelos justos aparece no fato de que eles são seus eleitos desde sempre e ficarão para sempre ao seu lado. O mesmo não se pode dizer dos injustos (observe 2,22), que não conhecem os mistérios de Deus e muito menos têm esperança. Deve-se salientar que o tema da misericórdia é caro também ao profeta Oseias, na crítica que ele faz ao sacrificialismo vazio de sentido, bem como na tradição de Jesus, que cita as palavras do profeta duas vezes: "É misericórdia que eu quero, e não o sacrifício ritual; o conhecimento de Deus, mais que os holocaustos" (Os 6,6; Mt 9,13 e 12,7). De nada vale um culto dirigido a Deus desvinculado de ações justas diante do outro que se encontra à nossa frente. A equação é pura e simples:

a relação com Deus não passa pelos holocaustos e, sim, pelo modo como agimos em relação ao nosso próximo – misericórdia. De fato, não podemos amar a Deus se nos distanciamos dos pobres.

Os injustos agem duplamente, a saber, menosprezam o justo e se afastam de Deus. Menosprezo pelo ser humano pobre, de um lado, e afastamento do projeto de Deus, de outro. Os injustos pensam que são os dirigentes do mundo e, segundo e seguindo sua opinião, tudo acontece como se Deus não existisse ou não tivesse nenhuma preocupação com o que ocorre na história humana. Eles pensavam da seguinte forma: para que o projeto de Deus, se já temos o "nosso" próprio projeto! No entanto, o belíssimo v. 5 mostra um Deus acolhedor que, relativamente aos pobres, "os encontrou dignos de si". Há uma inversão completa na maneira de se pensar a vida e as relações que comportam a vida. Trata-se de uma expressão notável de aprovação dos justos, em contraposição à desaprovação dos injustos, que em muito lembra o texto de Hebreus: "o mundo não era digno deles". Aqueles que os injustos consideravam indignos de viverem e conviverem em sua presença, o próprio Deus considera cada um deles como os mais dignos de serem considerados seus filhos. Líndez (1995, p. 145) interpreta os v. 5 e 6 da maneira como segue:

> Estes dois versículos descrevem a vida dos justos como provação de sua virtude (5b) e como verificação de sua qualidade (6a). A correção dos justos é meio de educação disposto ou permitido por Deus, assim como o mestre corrige seus alunos e o pai os filhos. Na remuneração divina, aos pequenos castigos da prova correspondem os grandes

favores. Essa metodologia divina é confirmada por Paulo em Rm 8,18; 2Cor 4,17. Assim como Deus pôs à prova Abraão (Gn 22,1), assim também provou os justos, para que pusessem de manifesto sua felicidade. O resultado foi positivo: aprovação absoluta que manifesta a generosidade do Senhor em seu veredito: os achou dignos de si (5c).

O v. 12 precisa de alguma ressalva, pois o autor se expressa de maneira abrupta e sentenciosamente. A conclusão dele não permite exceções e coloca no mesmo destino do injusto (no caso do texto a figura do pai) todos os que pertencem à sua família (mulher e filhos). Ele admite, possivelmente, o princípio da solidariedade que arrasta para o mesmo destino todos os seus descendentes, como se os descendentes fossem um prolongamento dele mesmo. Supõe o autor, de forma equivocada, que tanto a mulher quanto os filhos se identificam com as responsabilidades e consequências das ações do pai. Do ponto de vista das Sagradas Escrituras é possível perceber, por exemplo, como a teologia de Ez 18 e de Jr 31,29 apresentam uma nova proposta de leitura e de resposta a essa questão.

3,13–4,6: [13]Feliz a mulher estéril que permanece irrepreensível e desconhece união pecaminosa, porque ela receberá seu fruto no julgamento das almas. [14]Feliz também o eunuco, que não cometeu injustiça, nem pensou coisas más contra o Senhor. Ele, por sua fidelidade, receberá uma graça especial e uma recompensa invejável no templo do Senhor. [15]Pois o fruto das boas obras é glorioso e a raiz da sabedoria é imperecível. [16]Os filhos dos adúlteros não chegarão à maturidade, e a descendência de uma união ilegítima desaparecerá. [17]Mesmo que tenham vida longa, ninguém fará caso deles, e sua velhice no fim será sem honra. [18]Se morrerem cedo, não terão esperança nenhuma, nem consolação no dia do julgamento, [19]porque é terrível o fim de uma geração perversa. [4,1]É melhor não ter filhos e possuir a virtude, porque a memória da virtude é imortal, e tanto Deus como os homens a conhecem. [2]Quando está presente, todos a imitam. Se está ausente, todos a desejam. E, por fim, ela triunfa na eternidade, coroada e vitoriosa, por ter vencido com limpidez no campo de combate. [3]A descendência numerosa dos injustos não servirá para nada; nascida de ramos bastardos, não lançará raízes profundas, nem terá base firme. [4]Mesmo que por algum tempo seus ramos estejam verdes, ela está mal fixada no solo, será abalada pelo vento e arrancada pela violência do furacão. [5]Seus frágeis ramos serão quebrados, seu fruto será inútil e intragável, e ela não servirá para nada. [6]De fato, os filhos nascidos de uniões ilegais testemunharão a perversidade de seus pais, quando estes forem julgados.

Em sua busca por resposta aos paradoxos criados pela teologia oficial (a teologia da retribuição) – que via a fecundidade como uma das maiores bênçãos de Deus – de sua época, o autor é ousado ao afirmar que a mulher é feliz mesmo sendo estéril. A afirmação do autor, para muitos de sua época, estaria na fronteira de uma verdadeira heresia. Para isso, o texto apresenta dois contrastes sucessivos:

1) É melhor a esterilidade sem o pecado (v. 13-15) do que a fecundidade com filhos desonrados (v. 16-19); 2) é melhor a falta de filhos com a virtude (4,1-2) do que a fecundidade sem fruto duradouro (4,3-6). Notar os termos que fazem inclusão: fruto (3,13 e 4,5) e maldade (3,14 e 4,6).

Mulher estéril e homem eunuco estariam, nessa perspectiva teológica, excluídos do projeto de Deus. Por quê? Apenas porque não respondiam de forma satisfatória àquilo que era esperado e determinado pelas pessoas que exerciam o poder. Trata-se de uma teologia que se especializou em produzir zonas de exclusão. Mas o projeto de Deus é surpreendente. Ele manifesta vida em lugares em que todos esperariam a morte como fruto principal. Assim, na nova perspectiva teológica do autor, tanto a estéril quanto o eunuco são os melhores e mais hábeis representantes de onde se encontra a bênção de Deus. Ele escreve uma teologia desde o reverso da história. Deus se encontra, justamente, onde a teologia oficial da época dizia que ele não estava. E, no caso do eunuco, metaforicamente, a bênção que recai sobre ele vai além do templo, indicando que o sentido pleno do texto é aquele que supera a história e alcança o próprio céu. A ousadia do autor produz um texto e uma teologia admirável. Suas palavras transformam teologicamente o que era considerado maldição em bênção. Estamos diante de uma das mais importantes transformações que poderiam ocorrer na história da teologia, isto é, a ressignificação de uma história construída a partir da maldade – maldição – em bênção – ao assumir o lugar do pobre como um lugar privilegiado de encontro teológico. Significativamente, Líndez afirma (1995, p. 153):

> Nosso autor chama de feliz a quem não tem filhos por si mesma, por seu proceder irrepreensível, sem mancha nem desdouro ritual ou moral. O autor está convencido de que existe uma fecundidade estéril na virtude: a dos ímpios, e uma esterilidade fecunda: a dos justos, cujos

frutos se manifestarão no dia da conta, ou seja, quando estivermos diante da presença de Deus depois da morte (v. 7a). Assim, pois, se a estéril não pôde gozar na vida do fruto do seu ventre, poderá desfrutar plena e definitivamente dos frutos abundantes de sua vida, quanto estiver junto do Senhor (3,1-3).

4,7-20: [7]Ainda que morra prematuramente, o justo encontrará repouso. [8]Velhice honrada não consiste em ter vida longa, nem é medida pelo número de anos. [9]Os cabelos brancos do homem valem pela sua sabedoria, e a velhice pela sua vida sem manchas. [10]O justo agradou a Deus, e Deus o amou. Como ele vivia entre os pecadores, Deus o transferiu. [11]Foi arrebatado, para que a malícia não lhe pervertesse os sentimentos, ou para que o engano não o seduzisse. [12]De fato, o fascínio do vício obscurece os verdadeiros valores, e a força da paixão perverte a mente que não tem malícia. [13]Amadurecido em pouco tempo, o justo atingiu a plenitude de uma vida longa. [14]A alma dele era agradável ao Senhor, e este se apressou em tirá-lo do meio da maldade. Muita gente vê isso, mas não compreende nada; não reflete [15]que a graça e a misericórdia de Deus são para os seus escolhidos, e a proteção dele é para os seus santos. [16]Quando morre, o justo condena os injustos que continuam a viver, e a juventude que chegou rapidamente à perfeição condena a longa velhice do injusto. [17]Muita gente verá o fim do sábio, mas não compreenderá o que Deus queria a respeito dele, nem por que o colocou em segurança. [18]Tais pessoas verão e mostrarão seu desprezo, mas o Senhor se rirá delas. [19]Essas pessoas, porém, se tornarão para sempre cadáveres desonrados e objetos de zombaria entre os mortos. De fato, Deus vai jogá-las de cabeça para baixo, sem que possam dizer uma palavra sequer, e as arrancará de seus alicerces. Ficarão completamente arruinadas, viverão na aflição, e a memória delas desaparecerá. [20]Os injustos, quando forem prestar conta de seus pecados, chegarão cheios de terror, e seus crimes os acusarão cara a cara.

A morte prematura sempre causa espanto e perplexidade. Que todos os seres humanos morrem em algum momento de sua história particular, é mais do que sabido e esperado. Todavia, o que falar e como responder a todos aqueles que morrem antes da hora, ou seja, prematuramente? Deus não é o autor da morte. Ao olhar panoramicamente para a história da época, podemos perceber que a morte prematura era orquestrada pela política do império. Não se trata, portanto, de interpretar a morte como um dado teológico e, sim, como um dado político e econômico.

Para a mentalidade judaica, estamos diante de um tempo novo. Líndez (1995, p. 162) traz um dado essencial para refletir. Diz ele que estamos diante de uma forma nova de argumentar para os israelitas, ou seja, uma mensagem de sobrevivência pessoal depois da morte. Assim,

desde os tempos da insurreição dos Macabeus (166 a.C.), começou a circular entre os judeus a doutrina da fé na ressurreição dos justos que morriam por defender a fé dos pais. Mas é no Livro da Sabedoria que se expõe mais extensamente a fé na vida depois da morte, fé que o judaísmo posterior herdará.

O autor propõe outra forma de compreender e de dar sentido à vida e, nesse sentido, ajuda-nos a enxergar melhor as possíveis diferenças entre as faixas etárias: a verdadeira idade não se mede pelo número de anos vividos e, por conta disso, ele realça o valor da qualidade sobre a quantidade. E, como exemplo, ele busca referência no célebre personagem possivelmente conhecido de todos, chamado Enoque (Gn 5,24), que "andou com Deus" e foi prematuramente arrebatado por este. Enoque, porque era justo e para que a corrupção não o alcançasse, foi levado pelo próprio Deus. No Livro da Sabedoria, o autor, sabiamente, utiliza de uma forma passiva, para dizer que Deus, o próprio Deus, o trasladou. Muito possivelmente o autor, literariamente, se inspirou na tradição sobre Enoque, mesmo sem citar seu nome (Gn 5,22-24; Eclo 44,6; Hb 11,5).

5,1-14: [1]O justo, porém, ficará de pé, sem temor, diante dos que o oprimiram e desprezaram seus sofrimentos. [2]Ao ver o justo, esses ficarão tomados de terrível pavor, espantados diante da salvação inesperada. [3]Arrependidos, dirão entre si, entre soluços e gemidos de angústia: [4]"Esse é aquele de quem antes nós ríamos. Nós o tomávamos como objeto de zombaria. Insensatos que fomos! Consideramos uma loucura a vida dele e a sua morte para nós era uma vergonha! [5]Por que ele agora é considerado entre os filhos de Deus e participa da herança dos santos? [6]Nós portanto nos desviamos do caminho da verdade. A luz da justiça não brilhou para nós, nem o sol para nós se levantou. [7]Nós nos fartamos nos caminhos da injustiça e da perdição. Percorremos desertos intransitáveis, e não conhecemos o caminho do Senhor. [8]De que adiantou o nosso orgulho? Que vantagem tiramos de nossa riqueza arrogante? [9]Tudo passou como sombra e como notícia fugaz. [10]Passou como navio que corta as águas agitadas, sem que se possam encontrar vestígios de sua passagem, nem o sulco de seu casco nas ondas. [11]Foi embora como pássaro que voa pelos ares, sem deixar qualquer sinal de sua rota: o ar leve, ferido pelo toque das penas e dividido pelo ímpeto vigoroso, é atravessado pelas asas em movimento, mas depois não fica sinal nenhum de sua passagem. [12]Tudo passou como flecha disparada para o alvo: o ar cortado volta imediatamente sobre si mesmo, e já não se sabe mais a trajetória dela. [13]O mesmo acontece conosco: mal nascemos e já desaparecemos, sem mostrar nenhum sinal de virtude, porque nós nos consumimos em nossa maldade!" [14]Sim, a esperança do injusto é como palha arrebatada pelo vento, como leve espuma que a tempestade levanta. Esperança que se desfaz como fumaça espalhada pelo vento, e é fugaz como a lembrança do hóspede que fica um dia só.

A confissão de culpa dos injustos surge de forma espontânea, isto é, não houve necessidade de que os justos os acusassem formalmente. Parece que estamos no juízo final, isto é, a sorte dos ímpios e a sorte dos justos são decididas numa outra vida. Líndez (1995, p. 167) considera que o autor, através de uma ficção literária, nos leva para o final da história e assim, como leitores poderíamos, de uma forma privilegiada, presenciar um juízo onde se julga e se dita a sentença sobre o modo de proceder de uns e de outros; por ele, conhecemos a sorte definitiva dos justos e dos injustos.

Pereira (1999, p. 84) salienta dois momentos distintos no discurso dos injustos: a) a surpresa em comparecer ao julgamento e b) os injustos reconhecem o engano, porém muito tardiamente. E, magistralmente, o autor contrapõe o "terrível pavor" dos injustos com a segurança dos justos. Os injustos até mesmo ensaiam um "arrependimento", mas se trata de uma atitude estéril e tardia porque não podem, de fato, se transformar numa "metanoia", ou seja, "numa conversão verdadeira". O paradoxo da salvação compreende tanto os que são salvos quanto aqueles que não são salvos. Aqueles que agem com violência são rebaixados, enquanto aqueles que são vítimas da violência são exaltados (leia 1Sm 2,4-5; Lc 6, 2-26 e 16,19-31). Pode, de fato, parecer estranho à nossa mentalidade. Todavia, nos textos bíblicos, Deus jamais poderia fazer aliança com os artífices da maldade, sob o risco de ele próprio se descontruir e se mostrar não como Deus, mas como um antideus.

Navios, pássaros e flechas são imagens utilizadas pelo autor para expressar a brevidade e fugacidade da vida. Deseja ele, mesmo que aparentemente seja redundante em suas imagens, salientar que a vida dos injustos foi toda ela "consumida pela prática da maldade" (v. 13). Por isso, os injustos se autorreconhecem, mesmo que tardiamente, como insensatos (v. 4b). A prática da maldade consome totalmente a vida do injusto porque se apresenta como a totalidade do seu ser. Não se trata de ações maldosas esporádicas e, sim, de ações maldosas como estilo de vida.

As mãos dos injustos não foram usadas para a prática do bem. De violência e de sangue suas mãos estavam sujas. Portanto, de mãos vazias de justiça, que é imortal, eles estavam com mãos que disseminavam morte, tanto a deles quanto a dos justos. Aqueles que foram e se reconhecem insensatos, pela primeira vez e, ironicamente, com sensatez, reconhecem o fracasso total de suas vidas. Mãos cheias de privilégios políticos e econômicos e, ao mesmo tempo, mãos vazias através da prática da opressão e da violência contra os fracos e os vulneráveis.

Eles mesmos – os injustos – se desqualificam e chegam à conclusão de que erraram. Ao saírem do caminho, passaram a afirmar que a norma da justiça e do direito é a força (2,11). Dessa forma, cometiam um erro gravíssimo, pois a prática e a norma da vida de cada um deles passavam a ser a lei do mais forte. O mais forte sobrevive exterminando o mais fraco. Estabelecia-se, desse modo, um darwinismo social. Os injustos estão de tal maneira desgastados pela prática da maldade, que se percebem consumidos e, assim, completamente vazios. Olham para o passado e não construíram nada. O império pretensamente construído por eles tinha como fundamento a maldade e, por isso, no juízo, se desfaz completamente. Tudo o que parecia aparentemente sólido se desmanchava no ar!

5,15-23: [15]Os justos, porém, vivem para sempre, recebem do Senhor a recompensa, e o Altíssimo cuida deles. [16]Por isso, receberão das mãos do Senhor a gloriosa coroa real e o diadema do esplendor, porque ele os protegerá com a mão direita e os cobrirá com seu braço, como escudo. [17]Tomará seu próprio zelo como armadura e armará a criação para castigar os inimigos. [18]Vestirá a couraça da justiça e colocará o capacete do julgamento que não admite suborno. [19]Tomará como escudo a santidade invencível, [20]afiará a espada de sua ira implacável, e o universo combaterá a seu lado contra os insensatos. [21]Os raios partirão das nuvens como flechas bem apontadas e voarão sobre o alvo como de um arco bem retesado. [22]Sua funda lançará furiosa saraivada, a água do mar se enfurecerá contra eles, e os rios sem piedade os afogarão. [23]O sopro do poder divino se levantará contra eles e os dispersará como furacão. É assim que a injustiça devastará a terra toda, e a maldade derrubará o trono dos poderosos.

"Os justos vivem para sempre" é a bela afirmação teológica do autor que se contrapõe às características efêmeras dos injustos (quatro características em 5,14 e cinco em 5,9-12), a saber: palha, espuma, fumaça, hóspede, sombra, notícia fugaz, navio, pássaro e flecha. Se numa breve sentença o autor revela a consistência do justo, precisa ele de nove características para salientar a efemeridade da vida daquele que caminha distante do projeto de Deus.

A esperança dos injustos é marcada pela futilidade e, por isso, é inconsistente. Eles, erroneamente, fundamentaram a esperança no que chamo de "trindade da esperança esvaziada", ou seja, na riqueza, no poder e nos prazeres da vida (2,6; 3,11). Assim, a esperança que é construída sobre a areia desaba estrondosamente!

Nos versos 17-20 encontramos a descrição do conjunto de armas utilizadas por Deus para a defesa dos justos, afirmando que ele protegerá com sua mão direita e os esconderá com seu braço (cf. Is 59,17). Pereira (1999, p. 90) ratifica dizendo que Deus possui à sua disposição três armas defensivas (couraça, capacete e escudo) e apenas uma arma ofensiva, isto é, a espada de sua ira implacável. Posteriormente, no Novo Testamento, o autor de Efésios usará a linguagem do combate contra as forças do mal: "Vistam a armadura de Deus, para conseguirem resistir às manobras do diabo" (6,11).

O v. 23, possivelmente, nos conduz para uma escatologia realizada e a ser realizada. Afinal, o conflito cósmico que está em processo de acontecer se desenvolve também em nível histórico, ou seja, como bem lemos no v. 23: "a maldade derrubará o trono dos poderosos". Estamos, portanto, do ponto de vista teológico, vivendo uma dupla dimensão, isto é, aquela que nos leva a olhar para a frente, assim como aquela que não permite tirar os olhos da própria história.

REFERÊNCIAS BIBLIOGRÁFICAS

CERESKO, Anthony R. *A Sabedoria no Antigo Testamento. Espiritualidade Libertadora*. São Paulo: Paulus, 2015.

CONTI, Martino. *Sapienza. Nuovissima Versione della Bibbia daí testi originali*. Roma: Edizioni Paoline, 1981.

LÍNDEZ, José Vílchez. *Sabedoria*. São Paulo: Paulus, 1995.

PEREIRA, Ney Brasil. *Livro da Sabedoria. Aos governantes, sobre a justiça*. Petrópolis/São Leopoldo: Editora Sinodal/ Vozes, 1999.

Capítulo 4

GOVERNAR COM JUSTIÇA
(Sb 6,1-21)

Luiz Alexandre Solano Rossi[*]

A primeira parte do Livro da Sabedoria encontra no capítulo 6,21 seu ponto final. Trata-se de um momento de reforço e ratificação do tema iniciado desde o capítulo primeiro, ou seja, exortação aos governantes para amar a justiça e, também, de um momento de indicação para a segunda parte do livro que é centrada na Sabedoria (6,22–9,18) – "honrar a sabedoria" (6,21b). O ponto alfa e o ômega dessa grande primeira parte faz referência, portanto, à maneira com a qual se resgata e se defende a dignidade das pessoas. Claro está que a responsabilidade primeira caberia naturalmente àqueles que exercem o poder político. No entanto, quando se reflete a respeito da dignidade humana, estamos falando, fundamentalmente, de todas as relações de poder existentes numa sociedade.

6,1-11: [1]Escutem, reis, e procurem compreender. Aprendam, governantes de toda a terra. [2]Prestem atenção, vocês que dominam os povos e estão orgulhosos pelo grande número de

---

[*] Mestre em Teologia (ISEDET/BsAs), doutor em Ciências da Religião (UMESP), pós-doutor em História Antiga (UNICAMP) e em Teologia (Fuller Theological Seminary). Professor no mestrado e doutorado em Teologia da PUCPR e na Uninter (Centro Universitário Internacional). Email: luizalexandrerossi@yahoo.com.br

83

súditos. [3]O poder de vocês vem do Senhor, e o domínio vem do Altíssimo. Ele examinará as obras que vocês praticarem e sondará as intenções que vocês têm. [4]No entanto, apesar de serem ministros do reino dele, vocês não julgaram com retidão, não observaram a lei, nem procederam conforme a vontade de Deus. [5]Por isso, ele cairá sobre vocês de modo repentino e terrível, porque um julgamento implacável se realiza contra aqueles que ocupam altos cargos. [6]Os pequenos serão perdoados com misericórdia, mas os poderosos serão examinados com rigor. [7]O Senhor de todos não recua diante de ninguém, nem se impressiona com a grandeza, porque ele criou tanto o pequeno como o grande, e a sua providência é igual para todos. [8]Mas um exame severo aguarda os poderosos. [9]É para vocês, soberanos, que eu dirijo as minhas palavras, para que aprendam a sabedoria e não venham a cair. [10]Os que observam santamente a santa vontade dele, serão declarados santos. E aqueles que a aprendem, encontrarão quem os defenda. [11]Desejem, portanto, ouvir as minhas palavras, anseiem por elas, e vocês receberão a instrução.

Para que não haja dúvidas quanto a sua intenção política, o texto multiplica os sinônimos dos que exerciam o poder no primeiro capítulo. Um quadro permite visualizar melhor o estilo literário enfático dado pelo autor:

Governantes da terra (1,1)	Reis (6,1a)
	Juízes (6,1b)
	Dominadores da multidão (6,2a)
	Detentores do poder e da soberania (6,3ab)
	Os que estão no alto (6,5b)
	Os poderosos (6,6b)
	Os potentados (6,8)
	Os soberanos e soberanos dos povos (6,9 e 21)

Explora-se literariamente os sinônimos a fim de que a totalidade dos que se reconhecem como "detentores do poder" sejam incluídos. Todos estão presentes, tanto os de dentro quanto os de fora, ou seja, os que exercem o poder dentro da esfera étnica do povo de Deus e, também, aqueles que se apresentam como senhores dos impérios e donos do mundo. Os reis devem se pensar como servos e não proprietários do reino, pois o reino pertence a Deus. No entanto, eles não compreendem o poder como serviço e, por isso, confundem o público com o privado. O poder se torna um instrumento para acúmulo de mais poder político e financeiro. Lembremo-nos do Sl 82 e de como o abuso do poder e a associação dos juízes (ou deuses) com os injustos são julgados por Deus. E, quando olhamos para o ensino de Jesus a respeito do poder, não podemos esquecer que, aos discípulos, ele disse de forma enérgica a respeito do poder que é utilizado para machucar e tirar vantagem: "entre vocês não será assim". Na comunidade do povo de Deus, o poder deve ser um instrumento para criar comunidade e, quando se fala em comunidade, deve-se ter em mente comunidades saudáveis e que, por conseguinte, não mantenham relações de dominação, dependência e acúmulo de riquezas.

Líndez (1995, p. 184) precisa muito bem a tradição semítica que dá sustentação à tese do autor:

> Para toda a tradição semítica, o Senhor é a única fonte de poder, porque ele é o único criador de todos. Ele não só indagará as obras e ações visíveis, mas também explorará o mais recôndito dos que exercem o poder, as intenções que quase sempre permanecem em segredo.

Os governantes não são considerados fonte do poder e do direito e, por conta disso, também eles estão sujeitos à lei e devem julgar segundo o direito e a justiça. Não há, portanto, na concepção do autor, uma função política que coloque um determinado sujeito acima de todos os outros e que dê a ele privilégios que os demais não possuem. O exercício do poder, nesse sentido, mais do que um privilégio, é uma vocação para o serviço. A confusão se instala justamente quando se confunde vocação com "privilégio". Claro está a diferença abismal entre um e outro. Poder como privilégio é a redução do poder à própria pessoa. No entanto, poder como vocação é a ampliação do poder como um instrumento que leva a reconhecer o outro como de igual dignidade.

O autor também nos permite refletir que os líderes e/ou governantes não são apenas aqueles que pertencem ao próprio povo de Deus. Muito claramente é afirmado nos v. 1 e 2 – "governantes de *toda a terra* e que *dominam os povos*" –, indicando que as fronteiras geopolíticas foram ampliadas. As duas expressões em destaque somente poderiam ser aplicadas, no tempo do autor, aos reis helenistas e aos romanos. Uma clara crítica anti-imperial contra a prepotência militar e econômica dos impérios que escraviza, violenta e submete os povos conquistados. Sabe muito bem o autor do Livro da Sabedoria que a época dos governos imperiais é justamente aquela em que a miserabilização do povo aumenta substancialmente. Trata-se, portanto, de uma crítica contra o poder que pode ser compreendida como atemporal, ou seja, não se trata de uma crítica restrita e vinculada à história antiga; mais do isso e para além disso, hermeneuticamente, sempre que se erguerem poderes políticos, econômicos e militares que se tentam impor sobre os corpos das vítimas, se fará necessário estabelecer a crítica contra o poder que se deseja imperial, global e eterno.

A acusação que encontramos no texto bíblico é exemplar e não deixa dúvidas no ar, mas não somente a acusação, também é necessário perceber a urgência da acusação, que é indicada pelo autor usando três imperativos: *escutai, aprendei e prestai ouvidos* (1ab e 2a). A espiritualidade bíblica pode e deve ser considerada como a possibilidade de dar ouvido ou não à palavra que, por sua vez, pode ou não ser escutada e obedecida: "Escuta, Israel" (Dt 5,1; 6,48; 11,13-21); "Escuta a Palavra do Senhor" (Is 1,1.10; Jr 2,4; Am 7,16). A vida e a morte dependem, exatamente, de dar ou não ouvido à Palavra. O verbo escutar, dessa forma, nos coloca na fronteira entre a vida e a morte. Cruzar a fronteira em direção à vida ou à morte dependerá da prática da escuta, isto é, do grau de obediência que se manifesta após escutar. Afinal, é comum a expressão que se usa no cotidiano: "entrou por um ouvido e saiu por outro", para expressar que não há qualquer tipo de compromisso com as palavras escutadas.

Os reis (líderes) não julgavam com retidão e, muito menos, faziam a vontade de Deus. E qual seria a vontade de Deus? A resposta do profeta Isaías sentenciaria dessa forma: "julgar os fracos com justiça, arbitrar em favor dos pobres de terra, reprimir o injusto" (Is 11,4). Assim, o julgamento divino se apresenta de forma diferente do julgamento dos injustos, ou seja, com os poderosos ele será severo, mas com os pequeninos e os que sofrem com a violência dos poderosos, usará de misericórdia (cf. Lc 12,47). As injustiças não podem escapar impunes aos

87

olhos de Deus. Ninguém pode intimidá-lo, nem mesmo os poderosos com a prepotência de seu poder. O rigor do julgamento de Deus se faz ainda mais intenso quando se compreende, diferentemente dos poderosos desse mundo, que Deus não é subornável. E o julgamento haverá de ser implacável. Qual seria a razão de um julgamento em que não se vê possibilidade de escapar? Justamente porque os governantes não agiram com justiça. A dignidade da vida dos súditos depende, nesse sentido, da observância da lei divina por parte dos governantes. Líndez (1995, p. 185) nos ajuda a compreender melhor:

> Nos tribunais humanos de justiça, os juízes podem ser comprados pelos ricos e violentados pelos poderosos. O Eclesiastes é uma testemunha de exceção dessa matéria. Ele viu "na sede do direito, o delito" no tribunal da justiça, a iniquidade" (Ecl 3,16). Também observou "todas as opressões que se cometem sob o sol: vi violar os oprimidos sem que ninguém os consolasse do poder dos opressores" (Ecl 4,1).

"Os que observam santamente a santa vontade dele, serão declarados santos", sentencia o autor no v. 10. De forma magistral, numa só e pequena frase, encontramos uma densidade impressionante de santidade. No verso, o autor reflete que a santidade se encontra na prática da vontade de Deus, que, como já vimos, é quando nos aproximamos solidariamente dos mais pobres. Texto que exprime, de forma admirável, os sentimentos que caracterizam aqueles que observam as normas divinas: piedade, devoção, entrega total e seguimento. Santos, assim, que são forjados no calor da hora e com os pés no chão.

Santos, nesse sentido, antes de pertencerem aos céus, são sujeitos que, ao abraçarem completamente o projeto e a santa vontade de Deus, abraçaram, simultaneamente, a própria história em que viviam. A santidade nasce do chão da história a partir do momento em que se vive, na história, o projeto de Deus. O chamado para a santidade, nesse sentido, não significa um chamado para se ausentar do mundo e, sim, para se inserir no mundo a fim de que o projeto de Deus se manifeste para os pobres.

6,12-21: [12]A Sabedoria é resplandecente, não murcha, mostra-se facilmente para aqueles que a amam. Ela se deixa encontrar por aqueles que a buscam. [13]Ela se antecipa, revelando-se espontaneamente aos que a desejam. [14]Quem por ela madruga, não terá grande trabalho, pois a encontrará sentada junto à porta da sua casa. [15]Refletir sobre ela é a perfeição da inteligência, e quem cuida dela ficará logo sem preocupações. [16]Ela mesma vai por toda parte, procurando os que são dignos dela: aparece a eles bondosamente pelos caminhos, e lhes vai ao encontro em cada um dos pensamentos deles. [17]O princípio da Sabedoria é o desejo autêntico de instrução, e a preocupação pela instrução é o amor. [18]O amor é a observância das leis da Sabedoria. Por sua vez, a observância das leis é garantia de imortalidade. [19]E a imortalidade faz com que a pessoa fique perto de Deus. [20]Portanto, o desejo pela sabedoria conduz ao reino. [21]Chefes dos povos, se vocês gostam de tronos e cetros, honrem a sabedoria, e vocês reinarão para sempre.

Há um ponto inicial no projeto de Deus. O ponto de partida é o desejo e a busca da Sabedoria. Duas palavras especiais que se relacionam com a sabedoria. Desejo traz o sentido de algo que é infinito. Um desejo que não se esgota e, assim, se renova dia após dia. Desejo sempre é marcado pela renovação, ou seja, renova-se como os dias que se apresentam de forma diferente a todo momento. Busca se relaciona com mobilidade e contraria, dessa forma, qualquer projeto de imobilidade. Portanto, devemos prestar atenção ao fato de que a relação entre aquele que busca e a própria Sabedoria é dinâmica. Não há imobilismo em nenhuma das partes. Ambas estão em verdadeiro movimento a fim de se encontrarem. Líndez (1995, p. 188) estilisticamente percebe o movimento dinâmico da Sabedoria da seguinte maneira:

> O movimento da Sabedoria se realiza em duas fases de três, o esperado sétimo movimento se atrasa, porque ocorre depois do encontro. Os verbos são: deixa-se ver, deixa-se encontrar, adianta-se, dá voltas buscando, aborda, sai ao encontro e conduz. São movimentos em progressão, quase todos físicos, na imagem coerente.

A Sabedoria bíblica não pertence a um movimento gnóstico, isto é, ela não é refém de uns poucos escolhidos e privilegiados e, muito menos, se trata de uma Sabedoria que apenas alguns possam encontrar. As metáforas que o autor utiliza para falar da Sabedoria, como, por exemplo, a metáfora da luz, permite compreender que ela quer e deseja ser encontrada; ela está à vista de todos; não se esconde e não foge; a Sabedoria não pertence à noite e, sim, à luz do dia. Por isso, basta tão somente amá-la e buscá-la para que seja encontrada.

Quando falamos em Sabedoria, é de bom tom salientar que não se trata meramente de conhecimentos e de doutrinas, como se ela pudesse ser reduzida àquilo que se pode conhecer e delimitar. Haja vista que a Sabedoria é o eixo e o centro da vida do justo, do sábio, dos governantes bem como dos súditos, deveríamos pensar, acima de tudo, no que se refere à vida prática, moral e religiosa. Assim, a Sabedoria que permanece restrita ao conhecimento puramente intelectual e, por isso, não se manifesta na vida prática, é inútil. É somente nos espaços do cotidiano que se manifesta quem somos e no que cremos! Não há necessidade alguma de segredos para encontrar a Sabedoria. Exige-se, sim, amor e disposição. Nesse sentido, a Sabedoria é apresentada pelo autor como "democrática" e, desse modo, não pertence e muito menos se reduz à propriedade particular de alguns poucos privilegiados.

O Livro de Provérbios, mais provavelmente o capítulo 8, pode ser considerado a fonte literária para que nosso autor elabore sua preciosa visão da Sabedoria. Tanto em Provérbios quanto em nosso livro, a Sabedoria está personificada. Ela até mesmo fala como uma pessoa: "Eu amo os que me amam, os que madrugam por mim me encontrarão" (Pv 8,17). E, assim, vamos encontrar nos textos bíblicos a Sabedoria personificada como mulher, nos papéis de noiva, esposa, mãe (Eclo 15,2; Sb 8,2). A personificação da Sabedoria garante a perspectiva de que o relacionamento com ela acontece em nível pessoal ou, poderia ser dito, da experiência pessoal. Busca-se a Sabedoria porque se ama e se convive com ela e continua amando-a nas relações do cotidiano. A Sabedoria, portanto, pertence ao nível do cotidiano.

A intuição do autor é admirável. Para ele, não se trata de possuir a Sabedoria e, sim, de se deixar possuir por ela. A diferença é fundamental, pois é necessário compreender que aquele que encontra a Sabedoria não se torna proprietário dela. Não se reduz a Sabedoria a um objeto que pode ser manipulado e usado de acordo com interesses pessoais. Não se coisifica a Sabedoria com intenção de manipulá-la. A Sabedoria, portanto, possuindo o sujeito que a procura e que a ama, liberta o próprio sujeito de sua disposição de poder e de domínio. Assim, a presença dela liberta e, ao mesmo tempo, produz justiça a partir do comportamento do justo libertado.

O justo que buscou a Sabedoria e que vive na prática da justiça caminha em direção à imortalidade. Nesse sentido, sigo a compreensão de Líndez (1995, p. 191) acerca da imortalidade ou incorruptibilidade:

> No Antigo Testamento não se podem separar o amor a Deus e a observância de seus mandamentos. A guarda das leis conduz à vida (...) mas à vida que não tem fim (...). O homem só tem um fim dado por Deus: a incorruptibilidade (2,13), que é imortalidade ou vida perpétua. O que segue os caminhos da sabedoria tem garantia de que chegará ao termo fixado por Deus, porque tem a garantia da incorruptibilidade. Essa incorruptibilidade exclui a morte eterna dos ímpios e inclui a vida eterna com Deus (3,3; 5,5). Assim, o autor pode dizer com plena razão que a incorruptibilidade aproxima de Deus ou faz estar junto a Deus (v. 19). Na medida que por incorruptibilidade se entende um estado permanente de vida, este não se pode alcançar nesta vida mortal. Em nosso estado atual, podemos ter somente garantia de incorruptibilidade (cf. Ef 1,13; 2Cor 5,5).

Se o primeiro capítulo iniciava com uma exortação aos que governavam para que amassem a justiça (1,1), no final da primeira parte do livro, ou seja, mais precisamente em 6,21, o autor traz uma nova exortação aos mesmos governantes. Agora a exortação é para que eles *honrem a Sabedoria*. Céus e terra se encontram a fim de promover uma sociedade fundamentada na justiça que é imortal. Contudo, devemos ter em mente a referência explícita de dois reinos: um terrestre e outro escatológico. Uma percepção teológica que contempla tanto a história que se desenrola diante de nossos olhos como a que ainda será escrita por Deus. Uma escatologia, portanto, que nos vincula ao projeto de Deus acontecendo dentro da nossa própria história e que nos impede de qualquer alienação e de negação de nosso tempo e de nosso mundo em detrimento de algo que vai acontecer num futuro distante e, ao mesmo tempo, uma escatologia que permite conservar a esperança nos olhos, enxergando um novo tempo construído, igualmente, pelas mãos de Deus.

A compreensão de Líndez (1995, p. 192) resume muito bem os olhares sobre a história atual e aquela que há de vir:

> O autor fala aos governantes que regem reinos na terra, aos que se comprazem em tronos e cetros, que se elevam e podem ser derrubados; mas podem conseguir um reino eterno e imperecedouro. No primeiro reino terrestre há categorias que os homens determinaram livremente ou, o mais das vezes, foram impostas por violência; no segundo reino, todos os que a ele acedem participarão da única realeza, que será a do Senhor (3,8; 5,16). O autor convida todos os reis da terra a participarem do reino celeste que nunca terá fim.

REFERÊNCIAS BIBLIOGRÁFICAS

CERESKO, Anthony R. *A Sabedoria no Antigo Testamento. Espiritualidade libertadora.* São Paulo: Paulus, 2015.

CONTI, Martino. *Sapienza. Nuovissima Versione della Bibbia daí testi originali.* Roma: Edizioni Paoline, 1981.

LÍNDEZ, José Vílchez. *Sabedoria.* São Paulo: Paulus, 1995.

PEREIRA, Ney Brasil. *Livro da Sabedoria. Aos governantes, sobre a justiça.* Petrópolis/São Leopoldo: Vozes/Editora Sinodal, 1999.

CAPÍTULO 5

VIVER COM SABEDORIA
(Sb 6,22–8,1)

Alceu Luiz Orso[*]

INTRODUÇÃO

É possível distinguir três grandes partes bem distintas e de extensão desigual no Livro da Sabedoria. Essa estrutura obedece a dois critérios, um o gênero literário e o outro o seu conteúdo. Há um fio condutor que dá unidade às três partes, ou seja, a Sabedoria que é considerada sob o ponto de vista de uma tríplice vertente: uma moral e escatológica que opõe o destino do justo e do injusto, no além; a segunda mais especulativa, que penetra na natureza, nas propriedades da Sabedoria; e a terceira histórico-israelita, destacando a providência de Deus sobre a história de Israel e o castigo dos egípcios.

A primeira parte – Sb 1,1–6,21 – apresenta o papel da Sabedoria no destino do ser humano, a Sabedoria como fonte de vida e imortalidade do homem, as relações entre a Sabedoria e a justiça em seu aspecto retribuitivo.

---

[*] Professor de Sagrada Escritura na PUCPR e no Studium Theologicum. Mestre em Teologia Bíblica pela Pontifícia Universidade Gregoriana de Roma e doutor em Teologia pela PUCPR. Email: orsoalceu@gmail.com

Ela é apresentada como fonte de felicidade e de imortalidade. O autor afirma com clareza o prêmio para os justos, e o castigo para os injustos, após a morte. Os justos viverão para sempre – Sb 5,15: "os justos vivem para sempre, recebem do Senhor sua recompensa, cuida deles o Altíssimo" – uma vida feliz junto de Deus (Sb 3,1) após a morte. Temos aqui a vida na intimidade com Deus que se inicia neste mundo e não termina nunca. Os injustos, pelo contrário, não terão esperança e consolo no dia do juízo – Sb 3,18: "se morrem cedo, não terão esperança, na consolação no dia da Sentença" – e sofrerão desolação, mergulhados na dor (Sb 4,18).

A segunda parte – Sb 6,22–9,18 – reflete a respeito da origem, da natureza e das propriedades da Sabedoria. O texto bíblico apresenta a mais profunda revelação da Sabedoria, considerada em si mesma (Sb 7,22-24), em relação com Deus (Sb 7,25) e em sua projeção sobre o homem e o universo (Sb 7,27–8,1). Nesses capítulos se percebe um notável progresso na revelação da Sabedoria que preanuncia a revelação neotestamentária, principalmente em Paulo e no Evangelho de João. Descreve-se a ação da Sabedoria e os meios para adquiri-la. Os reis, como Salomão, devem buscar a Sabedoria. E termina com a oração de Salomão para obter a Sabedoria (Sb 9,1-18).

A terceira parte é composta dos capítulos 10 a 19, que exaltam a Sabedoria e a justiça atuando na história do povo eleito, insistindo no momento alto dessa história, isto é, a libertação da escravidão do Egito. O grande objetivo dessa parte é destacar mais a guia providente de Deus nas origens da história de Israel, sendo o povo escolhido. Essa estrutura em três partes é apresentada pela maioria dos estudiosos desse livro bíblico.

Sb 6,22–8,1 se encontra na segunda parte do Livro da Sabedoria. Em Sb 6,21 termina a exortação à busca da Sabedoria, quando diz: "honrai a Sabedoria e reinareis para sempre". Em Sb 6,22 inicia com a fala de Salomão que invoca três ideias: a primeira o que é Sabedoria, a segunda, qual a sua origem, e a terceira, os mistérios da Sabedoria.

ESTRUTURA DO TEXTO Sb 6,22–8,1

É possível denominar a seção de Sb 6,22–8,1 de discurso de Salomão sobre a Sabedoria. No texto bíblico percebem-se várias partes. Vamos enumerá-las para fins pedagógicos: 1) Sb 6,22-25: uma introdução ao discurso de Salomão sobre o tema da Sabedoria. No texto Salomão vai descobrindo a Sabedoria; 2) Sb 7,1-6: apresenta Salomão como um homem como os demais homens, ninguém nasce sábio. Adverte que fará o elogio à Sabedoria com toda clareza e sinceridade; 3) Sb 7,7-12: Salomão preferiu a Sabedoria a qualquer outro bem, pois a Sabedoria é superior a todos os bens. Há uma valorização da Sabedoria; 4) Sb 7,13-22a: Deus concedeu a Salomão todos os bens, cujo artífice é a Sabedoria. A Sabedoria é superior aos bens morais e culturais; 5) Sb 7,22b–8,1: elogio da Sabedoria, procurando penetrar em sua natureza e profundidades. Descreve a sua natureza e seus vinte e um atributos, sua origem em Deus, sua obra no governo do mundo e no fazer amigos de Deus. A partir de agora, vamos analisar cada um desses cinco blocos, destacando as principais temáticas teológicas.

UMA INTRODUÇÃO AO DISCURSO DE SALOMÃO SOBRE A SABEDORIA (Sb 6,22-25)

São quatro versículos que anunciam a segunda parte do Livro da Sabedoria (Sb 6,22–9,18). O autor desenvolve o que é a Sabedoria e qual é a sua origem. É uma introdução ao discurso de Salomão, que será proferido em Sb 7,1–8,21. Salomão promete descobrir todos os mistérios da Sabedoria e em tudo seguir a verdade. Novamente vamos enumerar esse conteúdo para fins pedagógicos. Esses quatro versículos anunciam o conteúdo que vai ser desenvolvido. Na dimensão literária observa-se que o termo "Sabedoria" aparece duas vezes nessa perícope Sb 6,22a e 6,23b.

1) Sb 6,22 procura responder a três grandes perguntas: O que é a Sabedoria? Qual a sua natureza? E qual é a sua origem? Estas perguntas são feitas diante das realidades misteriosas. É o caso dos discursos sobre os deuses e coisas divinas no contexto helenístico dos cultos de mistérios.

2) O tema da justiça aparece atrelado ao tema da Sabedoria. É um tema capital em todo o livro e pode servir de chave de interpretação para todo o livro. Em Sb 1,1a, não é por acaso que o autor usa a expressão "amai a justiça vós que julgais a terra", como abertura de sua obra. Deus sempre está ao lado da justiça e atua em favor dos injustiçados. Ela e seus equivalentes (retidão, equidade, bondade) são o único caminho que leva a Deus. Daqui parte o enfrentamento irreconciliável entre justiça e injustiça, entre amar o bem e fazer o mal.

3) O tema da inveja aparece em Sb 6,23a: "não caminharei junto com a inveja corrosiva". É a inveja que

devora. Ela corresponde a "inveja do diabo pela qual a morte entrou no mundo" (Sb 2,24). Este tema aparece como um contraste com a atitude manifesta em Sb 6,22. A inveja nada tem de comum com a Sabedoria e muito menos com o sábio. Ela (a inveja) não pode ser associada à Sabedoria. A Sabedoria deve ser compartilhada, senão deixa de ser Sabedoria.

SALOMÃO ERA UM HOMEM COMO OS DEMAIS HOMENS (Sb 7,1-6)

A primeira observação a ser feita diz respeito à dimensão literária. Encontramos aqui uma figura de linguagem chamada "inclusão": Sb 7,1 – *"hisos apisín"*, *igual a todos* (Sb 7,1) e *"pautan... hisa"*, *a todos... igual* (Sb 7,6). No meio da perícope aparece uma terceira vez, Sb 7,3, *"pasin hisa"*, *igual a todos*. Essa característica da dimensão literária confirma que o tema central da perícope é o da igualdade de Salomão com todo ser humano. Portanto, Salomão é como todas as pessoas, ou seja, mortal. Vamos seguir o mesmo esquema pedagógico e elencar as temáticas centrais que aparecem na perícope.

1) A dimensão literária apresentada no início dessa perícope nos fez notar o adjetivo "igual". Daqui brota a ideia central da perícope, ou seja, o tema da igualdade da condição humana de Salomão. Apesar de ser destinado a ser rei, no entanto, é igual a "qualquer um" pelo nascimento, pelos condicionamentos da vida e pela morte. Esse tema expressa algo de nossa realidade atual: os governantes, por serem governantes, não são divinos, não são deuses e a Sabedoria não é recebida por herança. São

iguais aos outros seres humanos, participam da mesma condição humana de todos.

2) Sb 7,1 estabelece a verdade fundamental de que todos os seres humanos, sem exceção, reis e súditos, todos são iguais em sua condição humana. Para justificar essa ideia, o texto bíblico nos faz recordar a origem do primeiro ser humano. O autor segue sua prática normal de não dar nome a seus heróis, fala de "primeiro" (homem), em vez de Adão, moldado da argila do solo Gn 2,7.

3) Em Sb 7,3, temos mais um argumento do autor para frisar intencionalmente a ideia da igualdade. O mesmo ar e a mesma terra servem para sublinhar o comum e o elementar de todos os homens. Eles indicam a dependência dos seres humanos dos elementos para respirar (ar) e manter-se de pé (terra), são dois atos elementares do ser humano.

4) Em Sb 7,6 encontramos a formulação da igualdade entre todos os seres humanos que culmina na expressão "entrada e saída". Esta expressão abarca toda a existência humana, delimita o começo e o fim da existência, desde a entrada na vida (concepção no seio materno) até a morte. A perícope conclui afirmando que todos compartilham a humanidade: "uma só maneira de entrar e sair" (Sb 7,6).

SALOMÃO PREFERIU A SABEDORIA A QUALQUER OUTRO BEM (Sb 7,7-12)

O tema central da perícope é a Sabedoria superior a todos os bens. Novamente o termo "sabedoria" assume a figura de linguagem de inclusão (Sb 7,7 e 7,12). Enumerando as temáticas principais:

1) A Sabedoria não pertence à natureza humana nem é propriedade dos reis e dos governantes, por isso, Salomão tem que voltar-se a Deus para obtê-la.

2) O protagonista do texto é Salomão, embora seu nome não seja citado. Ele escolhe e prefere a Sabedoria do que todos os bens e as riquezas. Observam-se os verbos de pedido, todos na primeira pessoa do singular: "supliquei e invoquei" (7,7); "proferi" (7,8); "não a equiparei" (7,9); "amei-a (7,10), quis possuí-la" e "alegrei" (7,12).

3) Sb 7,8-10 elenca sete valores, dando a entender que Salomão prefere a Sabedoria aos valores. Eis os valores: "cetros e tronos" (já foram apresentados em Sb 6,21); "riqueza; pedra preciosa; ouro; prata; a saúde e beleza; a própria luz".

DEUS CONCEDEU A SALOMÃO TODOS OS BENS, CUJO ARTÍFICE É A SABEDORIA (Sb 7,13-22a)

Há na perícope, mais uma vez, a figura de linguagem denominada inclusão. Ela aparece em Sb 7,13, "não escondido", e reaparece em Sb 7,21, "escondido", "oculto" ou "manifesto".

Salomão acaba de louvar a Sabedoria por si mesma, porque ela é maior do que todos os bens que o ser humano possa desejar: riqueza, saúde e beleza. O que se atribui a Deus, origem e fonte de todos os bens do ser humano, se atribui também à Sabedoria. Foi a Sabedoria que instruiu Salomão. Deus é fonte de todo o conhecimento do rei.

ELOGIO DA SABEDORIA. SUA NATUREZA E SEUS VINTE E UM ATRIBUTOS (Sb 7,22b-8,1)

Chegamos ao ápice desse discurso de Salomão sobre a Sabedoria: "o que é a Sabedoria" (6,22)? A resposta é dada através da enumeração das vinte e uma qualidades da Sabedoria, que procuram esclarecer, explicar, descrever a resposta da pergunta anunciada anteriormente: o que é a Sabedoria? A Sabedoria penetra tudo, procura fazer o bem, ela emana de Deus, ela prepara os amigos de Deus e os profetas.

Nessa última perícope é possível enumerar três grandes ideias. A primeira é a Sabedoria considerada em si mesma (Sb 7,22-24). O autor começa com uma frase em elogio da Sabedoria que tem "um espírito" (Sb 7,22). Em seguida, são atribuídas à Sabedoria vinte e uma propriedades, algumas extraídas do vocabulário da filosofia grega. Não vamos entrar aqui no significado do número vinte e um. Mas o autor pretende com todos esses atributos afirmar a suma perfeição da Sabedoria.

A segunda ideia se encontra em Sb 7,25-26. O autor, não satisfeito com a enumeração dos vinte e um atributos, passa a considerar a Sabedoria em sua relação com Deus. Para descrever essa relação usa a linguagem das metáforas para desenvolver sua reflexão. São uma série de cinco metáforas. Vamos enumerá-las. A primeira metáfora afirma que o espírito da Sabedoria é um sopro do poder de Deus: "é um eflúvio do poder de Deus" (Sb 7,25), expressando a intimidade de Deus com a Sabedoria. A segunda metáfora usada pelo autor, "emanação pura da glória do Onipotente" (Sb 7,25), destaca a origem da Sabedoria como procedente da glória de Deus. A terceira metáfora é o "reflexo da luz eterna" (Sb 7,26). A quarta é o "espelho nítido da atividade de Deus" (Sb 7,26). A quinta é a "imagem de sua bondade" (Sb 7,26).

A terceira ideia apresenta a Sabedoria (Sb 7,27–8,1) na sua relação com o universo e com o ser humano, para revelar neles (universo e o ser humano) a sua ação e presença. A ação da Sabedoria no universo estende a sua atividade à grande quantidade de seres e produz neles numerosos efeitos. Em Sb 7,12 participa da criação do mundo; em Sb 7,21 participa da renovação das coisas e do governo no universo. A ação da Sabedoria na criatura humana tem como objetivo estar com os homens e as mulheres e amar intimamente a quem convive com ela.

COMO A SABEDORIA É DESCRITA EM Sb 6,22–8,1

Esta temática é desenvolvida na segunda parte: Sb 6,22–9,18. O autor oferece a mais profunda revelação da Sabedoria nas mais variadas dimensões, a saber: sua origem, sua natureza, sua ação e os meios para obtê-la. O tema da Sabedoria atinge aqui o mais alto grau de desenvolvimento e reflexão. A natureza da Sabedoria é de uma tal pureza que ela penetra em tudo, em vista do bem. Ela é considerada em si mesma e é ofertada a todos (Sb 7,22-24); ela deve ser preferida a todos os outros bens (Sb 7,8-10); a sabedoria não é conquistada, mas doada por Deus, a quem o sábio pede em oração (Sb 7,7; 8,21). Em Sb 7,25-26 a Sabedoria é apresentada em relação a Deus e aparece como a presença de Deus no mundo e nos homens, isto é, a sua projeção sobre o homem e o universo (Sb 7,22–8,1).

As relações da Sabedoria com Deus são mais íntimas (Sb 8,3-4); são relações marcadas por sua atividade criadora (Sb 7,21); por sua onipresença (Sb 7,23-24); por sua sua onisciência (Sb 7,23); por sua providência universal (Sb 8,1); por seu amor pelos homens (Sb 7,23); ela é um tesouro que consegue a amizade de Deus (7,14.28). Aqueles que acolhem a Sabedoria, recebem-na como uma força interior capaz de guiar moralmente o seu agir humano, de iluminar aquilo que o Deus da revelação espera deles.

A SABEDORIA PERSONIFICADA

Há muitos textos na Escritura em que aparece a Sabedoria como se fosse uma pessoa, mas distinta de Deus, e que possui um princípio vital próprio, "o espírito" (Sb 7,22), que se refere a uma pessoa divina e que prepara a revelação neotestamentária. Atribui-se uma função mediadora na criação e conservação do universo que prepara e explica a atribuição da missão cósmica depois do Verbo Encarnado, uma concepção que aparece claramente no hino aos Colossenses (1, 15-20). A personificação da Sabedoria serve para expressar a ação de Deus no mundo, sua presença no universo, junto aos justos.

A Sabedoria possui a mesma perfeição de Deus (Sb 7,22-23), ela é de natureza divina (Sb 7,25-26). Como Deus, ela domina tudo: "a Sabedoria é mais móvel que qualquer movimento e, por sua natureza, tudo atravessa e penetra" (7,24). Ela conhece tudo e não mora com o pecado: "a Sabedoria não entra numa alma maligna, ela não habita num corpo devedor ao pecado" (Sb 1,4).

Nesse livro aparecem textos que abordam a sabedoria humana, ou seja, que o homem pode adquirir com esforço. Trata-se da sabedoria que se aprende. Há outros textos que apresentam a Sabedoria divina, isto é, a Sabedoria como um dom de Deus. Por isso, diversos textos apresentam a Sabedoria como um atributo divino. A Sabedoria possui uma dupla ação no mundo. Ela é criadora, "a Sabedoria, artífice do mundo" (Sb 7,21), e é conservadora de todas as coisas (Sb 7,27) e governa retamente todo o universo: "governa o universo retamente" (Sb 8,1b).

A DIMENSÃO LITÚRGICA DO
LIVRO DA SABEDORIA

No transcorrer do ano, em vários momentos na celebração da Eucaristia, tanto durante as semanas como nos domingos, é lido um texto do Livro da Sabedoria. Para fins pedagógicos, vamos enumerá-los:

1) Durante a semana na celebração da Eucaristia, na trigésima segunda semana de segunda a sábado, no ano ímpar, são lidos textos do Livro da Sabedoria. Na segunda-feira Sb 1,1-7; na terça-feira Sb 2,23–3,9; na quarta-feira Sb 6,1-11; na quinta-feira Sb 7,22–8,1; na sexta-feira Sb 13,1-9 e no sábado Sb 18,14-16; 19,6-9. Na sexta-feira da quarta semana da Quaresma é lido o texto Sb 1,1a.12-22.

2) Durante os domingos litúrgicos do tempo do comum. No ano A, os textos são: no décimo sexto domingo é lido Sb 12,13.16-19; no trigésimo segundo domingo é lido Sb 6,12-16. No ano B, os textos são: no décimo terceiro domingo é lido Sb 1,13-5; 2,23-24; no vigésimo quinto domingo é lido Sb 2,1.12.17-20; no vigésimo oitavo domingo é lido Sb 7,7-11. No ano C, os textos são: no décimo nono domingo é lido Sb 18,6-9; no vigésimo terceiro domingo é lido Sb 9,13-19; no trigésimo primeiro domingo é lido Sb 11,23–12,2;

3) Durante as festas litúrgicas. Como leitura opcional, na celebração do mistério da Santa Cruz é lido o

texto Sb 2,1a.12-22. Na celebração de São Maximiliano Maria Kolbe, presbítero e mártir, memória feita no dia 14 de agosto, é lido o texto Sb 3,1-9. O texto Sb 7,7-10.15-16 é opcional na celebração comum dos mártires. Leitura opcional no comum dos doutores da Igreja.

REFERÊNCIAS BIBLIOGRÁFICAS

ANDINACH, Pablo R. *Introdução Hermenêutica ao Antigo Testamento.* São Paulo, Editora Sinodal/Faculdades EST, 2015, pp. 479-484.

ANTHONIOZ, Stéphanie. *O que é a sabedoria? Do Antigo Oriente à Bíblia.* São Paulo, Loyola, 2017.

ASENSIO, Victor Morla. *Livros Sapienciais e outros escritos.* São Paulo, AM Edições, 1997, pp. 227-249.

CERESKO, Anthony R. *A Sabedoria no Antigo Testamento, espiritualidade libertadora.* São Paulo, Paulus, 2004, pp. 155-174.

LÍNDEZ, José Vílchez, *Sabedoria e sábios em Israel.* São Paulo, Loyola, 1999, pp. 225-260. (Coleção Bíblica Loyola, n. 25.)
_____. *Sabedoria.* Grande Comentário Bíblico. São Paulo, Paulus, 1995.

NICCACCI, Alviero, *A casa da Sabedoria. Vozes e rostos da Sabedoria Bíblica.* São Paulo, Paulinas, 1977, pp. 237-305.

PEREINA, Ney Brasil, *Livro da Sabedoria. Aos governantes, sobre a justiça. Comentário Bíblico Antigo Testamento.* Petrópolis/São Leopoldo, Editora Vozes, Editora Sinodal, 1999.

PUBLICAÇÕES DA CRB/1993. *Sabedoria e poesia do povo de Deus.* São Paulo, Loyola, 1993, pp. 208-235. (Col. Tua Palavra é Vida, n. 40.)

STORNIOLO, I. *Como ler o Livro da Sabedoria.* São Paulo, Ed. Paulus, 1993. (Série Como Ler a Bíblia.)

VV.AA. *Os Salmos e os outros Escritos.* São Paulo, Paulus, 1996, pp. 376-410.

VV.AA. *Comentário ao Antigo Testamento.* São Paulo, AM Editora/Ave-Maria, 2004, pp. 699-729.

VV.AA. *Sabedoria e poesia do povo de Deus. Publicações CRB/1993.* São Paulo, Loyola, 1993, pp. 208-235. (Col. Tua Palavra é Vida, n. 04.)

CAPÍTULO 6

O AMOR E A BUSCA DA SABEDORIA (Sb 8,2-21; 9,1-18)

*Vicente Artuso**

INTRODUÇÃO

Nosso estudo do Livro da Sabedoria se ocupa da busca da sabedoria como o maior bem (Sb 8,2-9) necessário para bem governar (Sb 8,9-16) e principalmente como um dom a ser pedido a Deus (Sb 8,17-21; 9,1-18): "Dai-me a sabedoria que partilha o vosso trono" (Sb 9,4). No contexto da dominação grega e da grave ameaça à cultura e religião judaica em Alexandria, o Livro da Sabedoria representa um esforço do povo judeu para resistir ao domínio cultural e econômico quase esmagador do regime grego e romano nos finais do séc. I a.C. e no começo do séc. I d.C. O autor do livro possui profundo conhecimento das tradições judaicas e das escolas filosóficas da época. Além disso, demonstra religiosidade profunda e compromisso com o povo de Israel: "Os

---

* Doutor em Teologia com área de concentração em Teologia Bíblica na PUC-Rio, mestrado em exegese bíblica pelo Pontifício Instituto Bíblico de Roma. Professor no mestrado e doutorado em Teologia da PUCPR. Email: vicenteartuso@gmail.com

que nele confiam compreenderão a verdade, e os que lhe são fiéis viverão junto dele no amor, pois a graça e a misericórdia são reservadas para os seus eleitos" (Sb 3,9) (cf. CERESKO, 2004, p. 155).

O autor mostra que o povo deve se apegar na sabedoria divina. Buscar Deus é buscar sua sabedoria que tudo governa. No contexto de crise também sapiencial, diante do sofrimento e insegurança, o autor vai falar da sabedoria como uma pessoa. Segundo Murphy (2015, p. 888): "A personificação da Senhora sabedoria é única em sua intensidade e campo de ação na Bíblia". Os textos principais são Jó 28; Pr 1; 8; 9; Eclo 24; Br 3,9–4,4. Nosso texto de Sb 8,2–9,18 também é um tratado da sabedoria personificada, o que revela a importância de viver a vida com sabedoria, como se fosse uma comunhão plena com alguém que se ama. E da união decorre um diálogo mútuo e experiência de aprendizado. Esse gênero de elogio à sabedoria é posto na boca de Salomão, no entanto o rei não é citado, pois o livro evita citar nome próprio, exceto Pentápolis (Sb 10,6) e o mar Vermelho (Sb 10,18; 19,7).

Onde está a Sabedoria? A única forma de se aproximar da Sabedoria é mediante o temor do Senhor, isto é, o reconhecimento de que ele é o Senhor da história: "O temor do Senhor é o princípio da sabedoria" (Jó 28,28). A forma mais clara da representação da Senhora Sabedoria se encontra em Pr 1–9. A Sabedoria fala no estilo de um profeta do Antigo Testamento ameaçando seus ouvintes. Se não prestarem atenção, ela rirá de sua desgraça, assim como o Senhor ri de seus inimigos (Pr 1,26). Mas a Sabedoria também oferece paz e segurança àqueles que a obedecem.

A imagem da esposa amada e a Sabedoria
(Sb 8,2-8)

A parábola do casamento é utilizada para expressar a aliança fiel e permanente de Deus com a humanidade. Deus, na sua relação com Israel, é como um esposo em busca da amada para reconquistá-la. É assim que o Livro do profeta Oseias (Os 2–3) apresenta a teologia da Aliança. Ele trata de uma aliança selada no amor, na ternura, na compaixão (Os 2,21). O amor de Deus foi sempre fiel, mesmo quando a humanidade dele se afastou. Assim, em relação à Sabedoria, quem se aproxima de Deus se acerca da Sabedoria na certeza de ter o bem maior, o mais desejado. As afirmações que indicam o autor (Salomão) em busca da Sabedoria são: Ele amou a Sabedoria (Sb 8,2.18), enamorou-se da sua beleza (8,2), procurou tomá-la como esposa (Sb 8,2.18) e como companheira (Sb 8,9.16), e estabelecer uma comunhão de vida (Sb 8,18) (cf. CONTI, 1981, p. 122).

O autor que nesses textos se esconde na figura de um rei (Salomão), fala em primeira pessoa, e personifica o sábio com uma atitude modelo de todo homem que deseja a Sabedoria. Como um apaixonado que jamais desiste, busca a Sabedoria que deve ser amada de todo o coração. "Eu a desejei, a rodeei desde a minha juventude, pretendi tomá-la como esposa" (Sb 8,2). Essa comunhão íntima é uma aliança, assim como no casamento, quando os dois se tornam um, "uma só carne". Assim a Sabedoria é buscada em vista de uma união eterna. O homem fiel é "enamorado da sabedoria, da sua formosura". Essa linguagem mostra também a espiritualidade do autor. Na busca da Sabedoria, busca-se o próprio Deus fonte de todo bem. "A união com Deus, realça sua nobre origem", isto é, a Sabedoria está em Deus como sua fonte. Deus amou a Sabedoria (Sb 8,3), pois ela está unida a Deus e tem nele a sua origem. Por isso também toda obra da criação revela que ele é sábio.

Em Sb 8,4 se fala com razão da Sabedoria iniciada na ciência de Deus. Ney Brasil Pereira (1999, p. 118) destaca a nobreza da sabedoria na intimidade com Deus em Sb 8,4. "Essa intimidade chega ao ponto de a Sabedoria, iniciada na própria ciência de Deus (daí temos a palavra grega *mystis*, "iniciada" nos "mistérios" de certos cultos secretos) ser aquela que fixa a escolha de suas obras, como é afirmado no Livro dos Provérbios: "Eu estava junto a ele como mestre de obras, eu era seu encanto todos os dias..." (Pr 8,30). A Sabedoria personificada, portanto, fixa a escolha de suas obras. A Sabedoria está em Deus criador no ato de criar. "Ele, o Senhor, a criou, a viu, a enumerou e a difundiu em todas as suas obras" (Eclo 1,9). Por isso o Espírito do Senhor é o espírito de sabedoria que enche o universo, dá consistência a todas as coisas (cf. Sb 1,7).

A reflexão sobre a origem da Sabedoria e sua união com Deus nos remete à criação como obra da sabedoria divina. Quando Deus criou todo o universo, ele estabeleceu as leis sábias do curso da natureza, na sua ordem. Esta ordem do cosmos e suas leis aparece no relato sacerdotal da criação em Gn 1,1–2,4. Ali o mundo é como um templo, organizado com sabedoria, e nele o ser humano é o sacerdote da criação. Ele deve reger com sabedoria e ordem, respeitando as leis da natureza. Com efeito, quando Deus forma o cosmos, coloca uma ordem nos astros, na matéria, e cria também os seres vivos, segundo suas espécies, de forma que a criação espelha a ordem projetada por Deus. A Sabedoria eterna junto de Deus é criadora. Pois, afinal, a Sabedoria estava também na Palavra: "Deus disse" e nos resultados "as coisas existiram". Assim, o que surgiu espelha a admirável Sabedoria divina. Espelha o Criador, como dizia o poeta Catulo da Paixão Cearense: "Natureza, esse livro aberto não precisa de alfabeto, pois foi escrito por Deus".

Em Sb 8,5 o texto afirma, mediante pergunta retórica, a riqueza da Sabedoria: "Se na vida a riqueza é um bem desejável, quem mais rico que a sabedoria?". Igualmente afirma a inteligência da Sabedoria que conhece todas as coisas: "Se é a inteligência quem opera, quem mais que a sabedoria é artífice de todas as coisas?" (Sb 8,6). Se a Sabedoria é riqueza verdadeira e luz que conhece todas as coisas, por que não desejá-la acima de tudo? Esse bem maior é o mais importante.

As virtudes, fruto da justiça (Sb 8,7)

A Sabedoria se relaciona com as virtudes, pois é arte de viver com equilíbrio e, justamente nesse ponto, se encontra sua nobreza. Sócrates, na Grécia antiga, afirmava a nobreza da Sabedoria, que aos seus olhos era divina. Porém, o ser humano se tornará amigo da Sabedoria com a prática das virtudes. Platão reduziu a Sabedoria ao ambiente intelectual. Através da contemplação se chegaria ao conhecimento das ideias divinas, em particular do Bem e do Belo. Os estoicos, mais tarde, fizeram da Sabedoria a ciência das coisas divinas e humanas. Como realidade divina, a Sabedoria se identifica com a razão universal, sendo o ideal que o ser humano pode alcançar através da filosofia e da prática das virtudes. Mas, devido à dificuldade de alcançar a perfeição, os estoicos se aplicaram a sabedoria prática (*fronesis* – ação de pensar, prudência, inteligência). Pois bem, os textos de Sb 3,15; 4,9; 6,15.24; 7,7; Sb 8,6-7 se situam no contexto da filosofia grega (cf. GILBERT, 1988, p. 1.431).

Temos em Sb 8,7 o único texto onde são citadas juntas as quatro virtudes. Elas aparecem em outras partes da Escritura com outros nomes (Pr 14,15; 1Pd 4,7; Jo 16,33).

Surpreende a afirmação: "Se alguém ama a justiça, os seus frutos são as virtudes" (Sb 8,7). Esperaríamos naturalmente: "Se alguém ama a sabedoria, os seus frutos são as virtudes", pois o autor está fazendo elogio à sabedoria. No entanto, ele retoma a interpretação inicial do seu livro: "Amai a justiça" (Sb 1,1). O autor retoma a primeira parte do livro (Sb 1,1–6,21) que trata da Sabedoria como norma de vida. Amar a justiça significa ser discípulo da Sabedoria e observar os seus mandamentos (Sb 1,1-5). Portanto, a justiça é fundamental para criar relações novas e renovar a sociedade. Praticar a justiça é penoso, supõe esforço e perseverança, mas produz frutos que são as virtudes, ou seja, temperança, prudência, justiça e fortaleza (Sb 8,7). Depois, o autor retoma o elogio da sabedoria: "Se alguém ambiciona uma rica experiência? Ela (a Sabedoria) conhece o passado e adivinha o futuro" (Sb 8,8). A justiça, porém, parece ser a virtude principal ligada às outras quatro virtudes: temperança, prudência, justiça e fortaleza.

No Catecismo da Igreja Católica são chamadas "virtudes cardeais". Elas têm a função de "dobradiça". Todas as outras virtudes se agrupam em redor delas

(CIC, 1805). No Novo Testamento, somadas as três virtudes chamadas teologais (Fé, Esperança, Caridade), formam o conjunto de sete. Sete virtudes que se contrapõem aos sete vícios. Cícero, filósofo romano quase contemporâneo do Livro da Sabedoria, escreveu sobre as quatro virtudes: "Cada uma delas tem sua finalidade: a fortaleza se demonstra nos trabalhos e perigos; a temperança na abstinência dos prazeres; a prudência no discernimento entre os bens e os males; e a justiça na atribuição a cada um do que é seu" (CÍCERO apud PEREIRA, 1999, p. 119).

Segundo José Vílchez Líndez (1995, p. 218): "As virtudes definem a postura moral total do homem e constituem o que o autor sagrado chama de *dikaiosyne* (justiça ou retidão) (Sb 8,7; 1,1). Os estoicos, que difundiram as doutrinas éticas sobre virtudes e vícios, consideram a sofia (Sabedoria) a raiz das quatro virtudes.

Em Sb 8,8 o autor trata dos conhecimentos universais fundamentados na experiência rica, típica dos sábios. Ele fala da história, da dialética e retórica, completando a lista de disciplinas como aparece em Sb 7,17-21. Deixa claro que a Sabedoria possui o conhecimento de todas as ciências humanas e é fonte de todos os conhecimentos no homem (Sb 7,21). O perfeito conhecimento das leis do cosmos e as previsões do seu cumprimento são também obra da Sabedoria, artífice do universo (cf. Sb 8,6; 7,22).

O amor a Sabedoria para os governantes (Sb 8,9-16)

Se a sabedoria é necessária para orientação da vida, quanto mais será para o exercício do poder. O exercício do poder exige sabedoria superior que se aproxima da sabedoria dos deuses. Se o rei participa da sabedoria divina, consegue manter o equilíbrio do reino e a conservação da criação desejada pelos deuses. Era essa a perspectiva do reinado no Antigo Oriente Próximo, quando o cosmos também estava ligado ao agir do rei. Cercado de conselheiros, o rei formava seus projetos e empreendia realizações para o bom desempenho do seu governo (VV.AA., 1988, p. 24). Nesse contexto compreende-se a ênfase da sabedoria necessária aos governantes em Sb 8,9-16.

O autor, suposto Salomão, retoma a palavra em primeira pessoa: "Decidi, pois, unir nossas vidas" (Sb 8,9). O rei precisa unir-se à sabedoria, casar-se com ela. Ele sabe que, unido à sabedoria, "ela seria conselheira para o bem e alívio nas agruras e tristezas". De fato, a Sabedoria, como boa esposa, dá bons conselhos nos momentos prósperos (cf. Eclo 5,1.8; 31,1-11) e serve de consolo nas horas tristes (cf. Eclo 30,21-25) (cf. LÍNDEZ, 1995, p. 220). Portanto, o sucesso do rei depende de sua abertura à sabedoria. Roboão, filho de Salomão, por não ouvir o conselho dos sábios anciãos das tribos, foi rejeitado e provocou a divisão no reino (1Rs 12,7-8). Aqui o governante que ama a sabedoria sabe que, por causa dela, será louvado nas assembleias e que, mesmo jovem, será louvado pelos anciãos (Sb 8,10). A sabedoria do rei se revela nos julgamentos (Sb 8,11) que lhe granjeiam admiração e respeito. O célebre juízo de Salomão causa admiração dos seus súditos pela sagacidade (cf. 1Rs 3,28). A fama da sabedoria de Salomão se estende pelos reinos próximos e longínquos (cf. Hiram de Tiro: 1Rs 5,21 e a rainha de

Sabá: 1Rs 10,1-10); muitos reis admiram sua sabedoria (cf. 2Cr 9,22-23).[1]

A sabedoria se revela no saber calar e falar no momento certo: "Se calo, ficarão em expectativa; se falo, prestarão atenção" (Sb 8,12). Nos versos 10-13, Salomão aparece mais como sábio do que como rei. Há um paralelismo entre Sb 8,10 – "Por causa dela me louvarão as assembleias" – e Sb 8,13: "Por causa dela alcançarei a imortalidade". Se a glória de Salomão, durante sua vida, se deve à sabedoria, também essa fama se perpetua depois da morte. A imortalidade aqui é a fama imortal, a memória dos feitos e das virtudes que permanecem. O governante virtuoso que se propõe "ser bom com o povo" (Sb 8,15), terá o respeito e até mesmo "os tiranos se assustarão ao ouvirem".

Faz-se necessário acentuar modelos de virtude em uma sociedade com crise na ética e corrupção dos governantes. Há necessidade de uma formação política para a arte de governar com sabedoria e justiça. De fato, a sabedoria toma parte nas atividades públicas na vida do homem e especialmente dos governantes. A estrofe termina falando que a intimidade com a Sabedoria não provoca amargura, não deprime. A Sabedoria é simbolizada na esposa-modelo, no tempo do autor, a qual faz o marido feliz (cf. Pr 31,10-31). O rei sábio é desposado com a Sabedoria, pois decidiu se unir a ela (Sb 8,9) e, ao entrar em casa, repousa a seu lado (Sb 8,16).

---

[1] Com frequência, na Bíblia se faz um confronto com a Sabedoria não israelita, para demonstrar a superioridade da Sabedoria bíblica. Assim, a Sabedoria de José (Gn 41), de Moisés (Ex 7–9), e aqui de Salomão (1Rs 5,10-11; 10,1-13), suplantam os sábios de outros povos.

Sabedoria, dom de Deus (Sb 8,17-21)

Essa unidade está emoldurada com a meditação "no íntimo" (Sb 8,17) e a prece "de todo coração" (Sb 8,21). Isso indica o desejo do dom da sabedoria, a busca desse dom pela prece. O autor medita sobre a Sabedoria (Sb 8,17) e fala em primeira pessoa das vantagens de quem se relaciona com ela – "A imortalidade consiste no parentesco com a sabedoria". A memória do justo e do sábio permanece para as gerações. O parentesco com a Sabedoria é outro termo para expressar a familiaridade de quem se relaciona com a Sabedoria, assim como se relacionam também esposo e esposa no amor. Há um conhecimento de que o sábio vai se apropriando mediante a experiência da vida. Ele vai adquirindo o discernimento, a prudência, a sensatez, enfim, as virtudes. A Sabedoria se torna familiar. O relacionamento com a Sabedoria é prazeroso. Ele continua a louvar a Sabedoria personificada, dizendo: "O trabalho de suas mãos é riqueza inesgotável, seu trato assíduo, prudência; conversar com a sabedoria, é celebridade" (Sb 8,18). Porque reconhece a Sabedoria, planeja levá-la consigo: "Então me pus a dar voltas, para ver como a levar para minha casa". Assim, a Sabedoria é familiar e próxima.

O autor volta a pensar no passado, na sua adolescência, e reconhece ser pessoa dotada de "alma boa, um corpo sem tara" (Sb 8,19-20), significando alguém que não se corrompeu e está apto. Porém, com o próprio esforço, não poderá alcançar a Sabedoria, pois, afinal, somente Deus a pode concedê-la através da prece de súplica (Sb 8,21).

Oração: pedido da Sabedoria (Sb 9,1-18)

O autor conclui o discurso de elogio da Sabedoria com uma oração de súplica: "Dai-me a Sabedoria" (Sb 9,4). Ele expressa que a Sabedoria é dom e que ninguém poderá alcançá-la, senão a pedindo. Ele reconhece ser "um homem fraco e de existência breve" e, por isso, depende de Deus, em quem confia para obter a sabedoria de bem governar. Pereira (p. 126) recorda outras orações: no Eclesiástico o hino de ação de graças (Eclo 51,1-12); a súplica coletiva (Eclo 36,1-17); em Daniel o cântico de Azarias (Dn 3,24-45) e o belíssimo hino dos três jovens na fornalha (Dn 3,52-90); em Judite temos a oração de Judite (Jt 9,2-14); e em Baruc, temos a longa oração dos exilados (Br 1,15–3,18) com confissão dos pecados e súplica.

A oração da Sabedoria (Sb 9,1-18) é assim chamada porque "Sabedoria" aparece seis vezes no texto. Em Is 11,1-3, entre os dons do futuro Messias, os sete dons (se contarmos "piedade e o temor de Deus"), a "sabedoria" é o primeiro da lista e o mais importante. O futuro rei, ungido de Deus, estará cheio do Espírito de Deus, e do Espírito de sabedoria para bem governar. A Sabedoria deve ser pedida. Esta oração é inspirada na súplica do jovem rei em Gabaon (1Rs 3,6-9) e no texto paralelo de 2Cr 1,8-10.

Conforme Gilbert (1970, p. 319-320), o texto pode ser dividido em três estrofes:

A) Sb 9,1-6 acentua a humanidade. Deus é procurado para dar a Sabedoria, pois o rei é ser humano fraco, incapaz de compreender. Percebe-se que o tema da humanidade aparece de forma concêntrica na estrofe.

Em 9,2 o homem é formado pela Sabedoria para dominar as criaturas. Em 9,6, por mais perfeito que seja entre os filhos dos homens, nada é sem a Sabedoria. No cento da estrofe, em 9,4, está o pedido da Sabedoria: "Dai-me a sabedoria contigo entronizada". A Sabedoria criadora está junto de Deus, ela é criadora do ser humano, que nada pode fazer sem ela. Por isso, ele deve pedir sabedoria para governar o mundo com justiça e santidade (Sb 9,3).

B) Sb 9,7-12 – A estrofe fala do escolhido (supostamente Salomão) para governar. Literariamente é totalmente concêntrica, pois, em Sb 9,7-8, aparece o escolhido Salomão, rei, juiz, e construtor do templo. No centro, temos o pedido da Sabedoria: "Enviai-a dos céus". Esta Sabedoria está junto de Deus, que conhece todas as coisas (Sb 9,9) e junto do governante, para assisti-lo nos trabalhos (Sb 9,10). No final da estrofe reaparece a função de juiz. O objetivo da prece da Sabedoria é conseguir governar e julgar o povo com justiça. Essa é a função mais importante, julgar, fazer justiça. A justiça está associada à sabedoria como virtude. Por isso, o autor exorta os governantes no início do livro: "Amai a justiça, vós que julgais a terra" (Sb 1,1).

C) Sb 9,13-18 – A estrofe acentua a humanidade, a fraqueza humana e a incapacidade de conhecer os desígnios de Deus, ou seja, a mesma temática presente na primeira estrofe. Assim, em 9,13, lemos: Que homem conhece o desígnio de Deus? Em 9,16b: Quem pode rastrear o que está nos céus? Em 9,17a: E o teu projeto, quem poderia conhecer, se não lhes dá sabedoria? E em 9,18b, temos a conclusão. "Os homens aprenderam o que é agradável e pela sabedoria foram salvos".

As perguntas retóricas em 9,13 e 9,17a são típicas do ambiente sapiencial e afirmam que a sabedoria é inacessível ao homem. Ninguém pode conhecer o desígnio de Deus (Sb 9,13). Esse conhecimento só é possível com o dom da Sabedoria. A pergunta retórica em 9,16 insiste na dificuldade humana de rastrear as coisas do céu, pois é com dificuldade que encontramos o que temos em mãos. É possível conhecer somente se Deus conceder a Sabedoria e das alturas enviar o Santo Espírito (Sb 9,17b). O ser humano é frágil e necessitado da sabedoria divina. A oração se conclui dizendo que os seres humanos aprendem o que é agradável e também são salvos pela Sabedoria (Sb 9,18). Esta conclusão enfatiza a completa dependência do dom do Espírito da Sabedoria de Deus para o ser humano alcançar uma vida justa. A função salvífica da sabedoria, que o autor refere pela primeira vez, anuncia o tema da salvação que aparece no resto do livro (cf. Sb 10,4; 14,4.5; 16,7.11; 18,5) (cf. WINSTON, 1979, p. 209). Deus é quem salva o seu povo. E a Sabedoria vem de Deus do seu trono (Sb 9,4), do santo céu (Sb 9,10). E ninguém pode conhecer o projeto de Deus, se ele não conceder Sabedoria (Sb 9,17). Essa inacessibilidade da Sabedoria é também proclamada em Is 40,13: "Quem conheceu o pensamento do Senhor? Ou quem foi seu conselheiro". Ao ser humano resta reconhecer a fonte da Sabedoria e não confiar unicamente nas próprias forças.

CONCLUSÃO

O ser humano é o único ser capaz de compreender que não conhece tudo. Por isso é necessitado da Sabedoria para bem viver e bem se relacionar. Não se trata de aquisição de conteúdo de conhecimento, mas da aquisição da experiência de vida. O sábio é louvado pelas virtudes da sensatez, justiça, prudência, fortaleza.

Quem busca a Sabedoria, quer também possuí-la tendo com ela uma relação íntima de comunhão, parceria, como se fosse um casamento. Desposar a Sabedoria é desejá-la como o maior amor, o maior bem que trará conforto, alegria nos momentos críticos da vida. A Sabedoria será sempre conselheira, amiga para todos os momentos.

A Sabedoria é artífice de tudo que existe, pois estava presente na criação e realiza todas as coisas. Pelo poder da Palavra, surgiu a vida. Deus falou e as coisas existiram. Assim, a criação revela a Sabedoria de Deus. Por sua vez o ser humano, para gerenciar tudo isso, para bem governar o mundo, precisa da Sabedoria. Ela é dom de Deus e só ele poderá concedê-la mediante a oração "Dai-me a sabedoria".

Pedir a Sabedoria na oração requer humildade, reconhecimento de que somos pessoas frágeis, incapazes de compreender os projetos de Deus, sem sua ajuda. Em Sb 9,1-18 se repete o pedido da Sabedoria (Sb 9,4; 9,10), porque ela é inacessível, só com o esforço humano. "Os pensamentos dos mortais são tímidos e falíveis são nossos raciocínios (Sb 9,14). Por isso o orante, ao mesmo tempo que reconhece a grandeza da missão de dominar e governar o mundo (Sb 9,2-3), e por mais perfeito que seja, se faltar a Sabedoria, de nada valerão os esforços (Sb 9,6-7). Enfim, nosso estudo mostra que a Sabedoria está envolvida com os seres humanos, como uma pessoa. "Entrando nas almas santas de cada geração" (Sb 7,27), ela mostra sua salvação (cf. Sb 9,18).

BIBLIOGRAFIA

CERESKO, Anthony R. *A Sabedoria no Antigo Testamento. Espiritualidade libertadora.* São Paulo: Paulus, 2015 (reimpressão).

CONTI, Martino. *Sapienza. Nuovissima Versione della Bibbia daí testi originali.* Roma: Edizioni Paoline, 1981.

GILBERT, Maurice. La structure de la prière de Salomon (Sg 9). In: *Biblica. Commentarii Trimestres. A. Facultate Biblica Pontificii Instituti Biblici in Lucem Editi in Urbe,* 1970, p. 301-331.

_____. Sapienza. In: ROSSANO, Pietro; RAVASI, Gianfranco; GIRLANDA, Antonio. *Nuovo Dizionario di Teologia Biblica.* Milano: Edizioni Paoline, 1988.

LÍNDEZ, José Vílchez. *Sabedoria.* São Paulo: Paulus, 1995.

MURPHY, Roland E. Introdução à literatura sapiencial. In: BROWN, Raymond E.; FITZMYER, Joseph A.; MURPHY, Roland E. (ed.). *Novo Comentário Bíblico São Jerônimo. Antigo Testamento.* São Paulo: Academia Cristã/Paulus, 2015.

PEREIRA, Ney Brasil. *Livro da Sabedoria. Aos governantes, sobre a justiça.* São Leopoldo/Petrópolis; Editora Sinodal/Vozes, 1999.

VV.AA. *As raízes da Sabedoria.* São Paulo: Paulinas, 1983. (Cadernos Bíblicos, n. 28.)

WINSTON, David. *The Wisdom of Solomon. A New Translation with Introduction and Commentary.* Garden City/New York, Doubleday & Company,1979.

CAPÍTULO 7

A SABEDORIA NA HISTÓRIA DA SALVAÇÃO (Sb 10,1–11,1)

Ailto Martins[*]

INTRODUÇÃO

O Livro da Sabedoria ou como consta no seu título original "Sabedoria de Salomão", apresenta a Sabedoria como protagonista principal da obra. Contudo, a temática da justiça também atravessa o escrito do começo ao fim. Assim, ocorre uma íntima relação entre a sabedoria e a justiça, visto que alguns elementos fundamentais da justiça podem ser identificados por meio do bom senso, discernimento, habilidade, inteligência e conhecimento de saber fazer o que é justo, e, por conseguinte, essas qualidades fundamentam a sabedoria política.

---

[*] Doutorando na Pontifícia Universidade Católica do Paraná, na área de concentração em Teologia Bíblica e Evangelização. Mestrado em Teologia pela Faculdade Batista do Paraná. Pós-graduação em (MBA especialização) Gestão de Pessoas pela Uninter. Professor da Faculdade Refidim. Coordenador bacharel em Teologia. Coordenador do Grupo de Pesquisa "Teologia do Cuidado na Perspectiva Pentecostal". Pesquisador do RELEP – Rede Latino-americana de Estudos Pentecostais. Email: ailto@ceeduc.edu.br

Do início do capítulo dez até o início do capítulo onze do Livro da Sabedoria, destacam-se questões relevantes sobre a atuação salvífica da Sabedoria na história da salvação. Inicialmente, a narrativa busca descrever o aspecto salvífico da Sabedoria na história dos patriarcas. Esse período se caracteriza pela origem e ação dos primeiros pais e, consequentemente, a salvação e a proteção da Sabedoria na vida desses personagens. Por esse viés, o autor escolhe enaltecer a própria Sabedoria em sua atuação histórica, sem citar nomes das pessoas envolvidas na história. Portanto, fazendo de seus personagens tipos universais, onde a Sabedoria atua como agente principal.

Nesse capítulo se apresenta o aspecto salvífico da Sabedoria na história de Israel e seu libertador. Para isso, destaca-se a Sabedoria sempre pronta para libertar seus servos. Nesse sentido, recorda-se a memória da libertação na vida de todo o povo de Deus, salientando a santidade dos justos (os hebreus) em oposição aos injustos (os egípcios), e, ainda, chama-se a atenção para Moisés, o grande libertador, protetor, justo, santo e servo da Sabedoria, personagem pelo qual a alma dessa dádiva entra no coração dessa figura libertadora, capacitando-a a cumprir a sua missão. A libertação abre caminho para que os libertos sejam guiados pela Sabedoria por todo o êxodo. Por isso, essa experiência inspira o louvor dos justos como agradecimento a Deus pela libertação e direção, já que nesse momento a Sabedoria sai de cena e cede o lugar ao Senhor.

O aspecto salvífico da Sabedoria na história dos patriarcas: salvação e proteção (Sb 10,1-14)

Análise sobre a História: a Sabedoria nas raízes do povo de Deus

[1]A sabedoria protegeu o pai do mundo, o primeiro homem formado por Deus e que foi criado sozinho. Ela o libertou de sua própria queda, [2]e lhe deu força para dominar todas as coisas, [3]mas um injusto se afastou dela com sua cólera e pereceu na sua própria ira fratricida. [4]Por causa dele, a terra foi inundada, mas a sabedoria de novo o salvou, conduzindo o justo numa frágil embarcação. [5]Quando as nações aderiram à maldade e foram confundidas, ela reconheceu o justo e o conservou sem mancha diante de Deus e o manteve forte, apesar da sua ternura pelo filho. [6]E enquanto os ímpios pereciam, ela salvou um justo em fuga diante do fogo que caía sobre cinco cidades. [7]Como testemunho dessa gente perversa, resta ainda uma terra deserta e fumegante, junto com árvores de frutos que não amadurecem, e a estátua de sal que se ergue como lembrança de uma alma incrédula. [8]Porque, desprezando a sabedoria, não só se prejudicaram ignorando o bem, mas deixaram para os insensatos uma lembrança de sua insensatez, para que suas faltas não ficassem escondidas. [9]A sabedoria, porém, libertou dos sofrimentos os seus fiéis. [10]Por caminhos planos, ela guiou o justo, que fugia da ira do irmão, mostrou-lhe o reino de Deus e lhe revelou as coisas santas. Deu-lhe sucesso em suas fadigas e multiplicou os frutos do seu trabalho. [11]Ela o protegeu contra a cobiça de seus adversários e o tornou rico. [12]Ela o guardou de seus inimigos e o defendeu de todos os que lhe armavam ciladas. Deu-lhe

a vitória numa dura luta, para lhe mostrar que a piedade é mais forte do que tudo. [13]A sabedoria não abandonou o justo que tinha sido vendido, e o preservou do pecado. [14]Ela desceu com ele à cisterna, e não o abandonou na prisão, até conseguir para ele o cetro real e o poder sobre seus próprios adversários. Desmascarou os que o caluniavam e lhe deu fama perene.

Com o capítulo 10, o autor começa a terceira parte do Livro da Sabedoria. Alguns aspectos se destacam para que possa ser feita essa afirmação. A oração da parte final do capítulo anterior é conclusiva e começa, a partir dessa porção bíblica, a narração histórica, prolongando-se até o fim do livro. Além disso, o capítulo está diretamente ligado com a segunda parte da obra. Nesse aspecto, "é possível que o autor tenha querido dar a esse capítulo a função de dobradiça: olhando para trás, completa o elogio da sabedoria com as ações (*praxeis*); olhando para a frente, é como um prelúdio do que se segue" (Bíblia do Peregrino, 2006. p. 1547).

O capítulo 10, portanto, é uma história escrita com preocupações estéticas desde Adão até Moisés. Rost (1980, p. 54) enfatiza esse ponto do Livro da Sabedoria, apresentando: "Deus como o senhor da História desde o início, desde Adão, o que será ilustrado de modo particular com a saída do Egito e com a peregrinação pelo deserto". O escritor sagrado descreve Deus como o criador onipotente, que criou o que é bom, por meio de sua sabedoria. Ele é o juiz e o Senhor de toda a humanidade, visto que mostra suas ações na história, para libertar seu povo e, consequentemente, castigar seus inimigos. Diante disso, a Sabedoria se apresenta como agente de transformação para tornar os homens sábios e justos.

Os protagonistas da narrativa não aparecem com seus nomes próprios, em decorrência do gênero literário utilizado pelo autor. Os personagens podem ser reconhecidos por meio da análise dos textos dos livros do Gênesis e do Êxodo. De acordo com Pereira (1999, p. 136), "são sete, acompanhados de indivíduos ou grupos de contraste: Adão e Noé (Caim), Abraão e Lot (os habitantes de Sodoma), Jacó (Labão e Esaú), José (seus detratores), Moisés e o povo (Faraó e os egípcios)". Um aspecto interessante que não pode ser esquecido nesse contexto mostra que os justos são o complemento verbal e histórico da atuação da Sabedoria, enquanto os injustos têm a iniciativa do mal e são sujeitos de suas próprias ações (PEREIRA, 1999).

A Sabedoria protegeu o primeiro homem criado, Adão, o pai de toda a humanidade, e o libertou de sua própria queda (v. 1). Esse texto chama a atenção para a personificação da Sabedoria. Dessa maneira, a Sabedoria pode ser entendida como a soma das experiências humanas que dão origem a um saber prático (VON RAD, p. 75). A partir de então, passa-se a perceber que a intenção do autor de voltar às origens da humanidade se estabelece em mostrar que a sabedoria é o próprio Deus, e já estava presente e atuante nas raízes da história humana e do povo de Israel desde o princípio (PEREIRA, 1999). Esse aspecto sinaliza para a atuação dos antepassados salvos e protegidos pela Sabedoria e apresentados, como exemplo, para as pretensões presentes, e, naturalmente, para um futuro melhor e glorioso.

No livro *Sabedoria e poesia do povo de Deus*, da coleção "Tua Palavra é Vida", organizada pela Conferência dos Religiosos do Brasil (1993, p. 209), comenta-se que o autor do Livro da Sabedoria busca a consciência histórica do seu povo, com o objetivo de confirmar a fé, sustentar a esperança e animar as comunidades para que não se deixem seduzir pelas novidades de vida fácil, idolátrica e injusta. Para isso, traz à memória a herança da história e da religião de seus ancestrais, por intermédio de suas raízes. Cabe destacar que Adão foi o primeiro homem moldado, salvo e protegido pela Sabedoria, detentor de poder para governar e dominar todas as forças do mundo.

O domínio universal do ser humano sobre todas as coisas se atribui à obra da Sabedoria (v. 2) por via do poder franquiado a ele. Um domínio que surge como a capacidade recuperada, posteriormente à queda, graças à força da Sabedoria (PEREIRA, 1999). Trata-se de um antagonismo a Gn 1,26, onde é constatada a destinação original do domínio universal, antes da queda. Pela ordem, é como se essa concessão seguisse a reconciliação, em desacordo com Gn 1,3 (BÍBLIA DO PEREGRINO, 2006, p. 1547). No entanto, esses textos mostram a perspectiva do poder e o domínio universal da humanidade relacionado à eficácia da Sabedoria. Isso corrobora com a interpretação tradicional que vê a Sabedoria atuando antes e após a queda do homem.

Caim é o primeiro personagem injusto que aparece na narrativa (v. 3), por causa da sua própria decisão de se afastar da Sabedoria, devido a sua ira contra seu irmão. A consequência dessa apostasia se mostra em forma de juízo, com a grande inundação ou o dilúvio. Pereira (1999, p. 138) enfatiza que "no v. 4, em dois semiversos, o autor faz uma síntese extraordinária do capítulo 4 a 9 do Gênesis, ligando as consequências do pecado de Caim, contra a fraternidade, com o castigo do dilúvio". Todavia, a terra submersa pelas águas da grande inundação, mais uma vez, é salva pela Sabedoria, por meio de um justo, Noé, na sua insignificante arca, diante do dilúvio universal, tendo em vista a dimensão do mar, frente ao tamanho do majestoso barco.

Os povos das nações aderiram ao pecado do primeiro injusto Caim, e, assim, foram confundidos (v. 5); essa sentença faz referência ao episódio de Babel, em Gênesis 11. Porém, a sabedoria elegeu o justo Abraão, que o preservou, sem pecado diante de Deus, apesar do seu grande amor por seu filho Isaque, o herdeiro da promessa, que o tornou forte para vencer a prova da ternura a que foi submetido, de acordo com Gn 22. "Em três semiversos o autor enfatiza a figura de Abraão, reconhecido pela sabedoria como justo depois da dispersão dos povos em Babel, povos que se tornam discordes em suas línguas por causa da concórdia na maldade" (PEREIRA, 1999 p. 139). O autor chama a atenção para a diferença entre a ira e o ódio de Caim pelo seu irmão, que o venceu para sua própria ruína, como também para a ternura paterna de Abraão que não o vence, contudo, é por ele vencida, segundo a força da Sabedoria.

Enquanto os injustos pereciam, a Sabedoria salvou um justo em fuga diante do fogo que caía sobre cinco cidades (v. 6). Essa história é retratada em Gn 19. Os injustos são os moradores dessas cidades, principal-mente as duas mais famosas e importantes da região, a saber, Sodoma e Gomorra, cidades cujos habitantes desprezaram a Sabedoria e, por isso, foram denunciados

(v. 8). O texto coloca o pecado no campo do saber: ignorância culpável do bem e abandono da Sabedoria salvadora; é a decisiva insensatez (BÍBLIA DO PEREGRINO, 2006, p. 1548). Dois pecados são apontados pelo autor para o iminente juízo, a perversidade pela falta da sabedoria em suas relações (v. 7) e o desprezo à sabedoria (v. 8) (PEREIRA, 1999). Já o justo é retratado como Lot, sobrinho de Abraão, que foi salvo do fogo que caía sobre as cidades, graças à intervenção da Sabedoria. Ainda há no texto um apelo pela memória dos habitantes diante do castigo. Por isso, os efeitos do juízo permanecem na terra devastada, fumegante e na coluna de sal, que lembra a mulher de Lot petrificada, que, por meio de suas ações, abandonou a Sabedoria (PEREIRA, 1999).

Observando o contexto, a Sabedoria liberta seus fiéis (v. 9). Essa expressão se apresenta como uma forma de contraposição de conceitos e prepara o leitor para o que segue. De um lado, os injustos sendo castigados e, paradoxalmente, os justos sendo salvos e libertos, visto à disposição da Sabedoria, sempre pronta para salvar e proteger os fiéis. Schmidt (1994, p. 304) ressalta que a "intenção da sabedoria é manter à distância os perigos e danos, e encontrar o caminho para uma vida reta, respeitável e realizada" (Pv 13.14; 15.24). Pode-se considerar que essa condição só pode ser alcançada pelos justos, os quais confiaram suas vidas ao cuidado e à proteção da Sabedoria.

Por meio de Jacó, o autor desdobra a ação protetora da Sabedoria (v. 10). "Em contraste com Abel, assassinado por seu irmão, Jacó é preservado das más intenções de Esaú (Gn 27,41-45) e tem a visão do reino de Deus"

(PEREIRA, 1999, p. 140). Essa perseguição fez de Jacó um peregrino e lhe proporcionou uma grande experiência espiritual, em decorrência do evento do sonho com a escada que da terra alcançava o céu (Gn 28,11-19); ele pôde contemplar as coisas santas, através dos anjos que subiam e desciam do trono de Deus e, ainda, ser liberto das suas fadigas e ver multiplicar os frutos de seu labor. "Na sua luta com Deus, Jacó teria vencido não pela força física, e sim pelo vigor de sua piedade. Somente a piedade pode forçar a Deus e obter a segurança de sua bênção. O episódio, pois, interpretado no sentido de experiência espiritual" (BÍBLIA DE JERUSALÉM, 2002, p. 1121). Assim, o autor faz menção à proteção contra a inveja de seu sogro Labão (v. 11), que pensava explorá-lo. Entretanto, a sabedoria fez Jacó enriquecer e prosperar.

O poder de síntese do autor do Livro da Sabedoria entra em cena novamente na descrição da história de José. Os trezes capítulos da vida desse sonhador (Gn 37,39-50) são contados em oito semiversos. O autor enfatiza que a Sabedoria não abandona o justo, diante de qualquer situação, seja de injustiça, seja de sofrimento, ela desce com José até o fundo da prisão e o preserva do pecado da tentação e, em contraste, dá-lhe a glória eterna e, com isso, o exalta (PEREIRA, 1999). Isso confirma a principal função da Sabedoria: salvar e aplicar a justiça. "Ela salvou os patriarcas, de Adão a José, de todos os perigos do corpo e da alma; mas aqueles que se afasta-ram dela, Caim, Sodoma, atraíram cataclismos sobre a terra" (REUILLET, 1967, p. 301). Toda essa história é contada por meio de uma série de quadros, mostrando Deus personificado na Sabedoria.

O aspecto salvífico da Sabedoria na história de Israel e seu libertador: libertação e direção (Sb 10,15-21)

A Sabedoria constrói a libertação e dirige a história

[15]A sabedoria libertou de uma nação de opressores um povo santo, uma raça irrepreensível. [16]Ela entrou na alma de um servo do Senhor e, com prodígios e sinais, enfrentou reis temíveis. [17]Deu aos santos a recompensa pelos sofrimentos que tinham passado, e os guiou por um caminho maravilhoso. Tornou-se para eles abrigo durante o dia e esplendor de estrelas durante a noite. [18]Ela os fez atravessar o mar Vermelho e os guiou através de águas impetuosas. [19]Fez com que seus inimigos se afogassem, e depois vomitou-os das profundezas do mar. [20]Desse modo, os justos despojaram os injustos, e celebraram o teu santo nome, Senhor, louvando juntos o teu braço protetor. [21]Porque a sabedoria abriu a boca dos mudos e soltou a língua dos pequeninos.

A Sabedoria se fundamenta no conhecimento empírico. "Sempre, em Israel e no Oriente antigo, a Sabedoria consistiu em conhecer o mundo ambiente, a constituição e a ordem do espaço onde se vive" (VON RAD, 1974, p. 298). Por essa ótica, a Sabedoria, atua com o povo em seu cotidiano, e está sempre pronta para libertar e guiar as nações. Pereira (1999, p. 142) recorda que

> tendo chegado ao Egito com José, cuja libertação pessoal é fruto da sabedoria, o autor introduz agora a memória

da libertação de todo um povo, o seu povo, os justos, no plural, que sucederam aos seis justos exemplares (Moisés é o sétimo).

A Sabedoria libertou de uma nação de opressores um povo santo, uma raça irrepreensível (v. 15). Mas de quem o povo foi liberto? O autor responde ao questionamento: eles foram libertos da opressão dos injustos. Também apresenta as qualidades dos libertos. "O povo do êxodo é santo e irrepreensível em razão de sua vocação (Ex 19,6: Lv 19,2) e dos valores religiosos que encarna" (BÍBLIA DE JERUSALÉM, 2002, p. 1121). Portanto, o povo de Deus se destaca como o justo, oprimido, mas liberto.

Moisés foi escolhido por Deus para libertar o seu povo e castigar seus inimigos (v. 16). Foi também a Sabedoria que salvou o povo eleito, através de seu servo Moisés, enquanto ela fazia perecer os seus inimigos (REUILLET, 1967, p. 301). Assim, esse mediador, profeta e legislador da Lei de Deus obteve a mais profunda experiência com a Sabedoria, bem mais do que os seis patriarcas anteriores, pois, como servo e instrumento humano, em cuja alma a Sabedoria entra, habilita--o e, consequentemente, capacita Moisés a realizar a sua missão (PEREIRA, 1999). Essa missão culmina com a comissão da Sabedoria, que assume a posição de instrumento para o discernimento da presença de Deus na história do povo (CONFERÊNCIA, 1993). O aspecto ilustra a percepção espiritual de Moisés, que, com autoridade de Deus, obteve prodígios e sinais e pôde enfrentar reis terríveis em seu ministério.

O povo recebeu o seu galardão (v. 16). Tal recompensa se mostra como forma de pagamento ao trabalho escravo, sem paga, a que Israel fora submetido pelos egípcios (Ex 5,14). Portanto, foram compensados através dos objetos preciosos que os hebreus contraíram de seus inimigos quando partiram (Ex 3,21). Contudo, a recompensa principal se constituiu na própria libertação da escravidão (PEREIRA, 1999). Já o majestoso caminho pelo deserto, de acordo com o autor, contou com a presença da Sabedoria (v. 17). Ela assume o aspecto de nuvem protetora durante o calor do dia e de luz estelar de noite (BÍBLIA DO PEREGRINO, 2006, p. 1548). Uma apresentação diferente das colunas de nuvens e de fogo descritas em Ex 13,21-22, que evidencia que o autor conferiu à Sabedoria aquilo que o Livro do Êxodo atribuiu a Deus, que estava presente na nuvem. Isso demonstra mais uma vez a ideia da personificação da Sabedoria.

A travessia do mar Vermelho diante das águas impiedosas (v. 18) indica a direção de Deus, mesmo em meio às dificuldades e aos problemas que surgem na caminhada. O livramento vem da Sabedoria, que aplica o juízo aos egípcios, inimigos do povo de Israel. Não obstante ser o momento crucial da libertação, no texto é apenas citado como elemento de abertura de uma aliança, que no v. 19 é retomado pelo autor com a amplitude merecida (PEREIRA, 1999), em que descreve, por meio de uma metáfora, a trágica morte dos inimigos de Israel, afogados e esquecidos nas profundezas do mar. No v. 20 há a exposição do despojamento dos injustos pelos justos, provavelmente em decorrência da guerra (PEREIRA, 1999), pois essa dinâmica não é descrita em Ex 14,30, onde os hebreus apenas veem os inimigos mortos à beira do mar (PEREIRA, 1999). Diante disso, tudo termina com um hino de louvor a Deus.

Consequentemente, onde a adoração é dirigida diretamente a Deus, a Sabedoria sai de cena como sujeito da redação, e o autor, em uma espécie de reflexão sobre os eventos do Êxodo, sintetiza a celebração ao santo nome do Senhor, e todos louvam juntos por sua proteção (BÍBLIA DE JERUSALÉM, 1985).

CONCLUSÃO

A história da salvação é marcada pela atuação e personificação da Sabedoria. Ela enalteceu a justiça em suas ações por meio dos seus aspectos salvíficos, exemplificados em proteção, libertação e direção do povo de Deus, que formam um tripé de salvação e podem ser considerados como os resultados práticos do viver e andar em sabedoria, diante dos caminhos que Deus desenhou e escolheu para seu povo. Nesse sentido, chama-se a atenção para a sabedoria que se encontra na raiz de todo ser humano, atuando desde a sua criação com o objetivo de descrever regras de comportamentos abalizadas pelo bom senso, que se estabelecem para indivíduos ou grupos como forma de realização humana.

A questão básica do capítulo 10 do Livro da Sabedoria é mostrar a história da salvação e, consequentemente, a relação do ser humano com essa dádiva divina, concedida aos suplicantes sinceros, os patriarcas que, através do poder da Sabedoria, puderam triunfar sobre o mal, aplicando a justiça divina, visto que ela está com Deus desde a eternidade, e é uma emanação de sua glória. Nessa relação direta com o divino, a Sabedoria é personificada. Por outro lado, quem a despreza está condenado ao juízo e à infelicidade. Com isso, essa Sabedoria divina, atuante em tudo desde a criação da humanidade, é empregada como critério para auxiliar o povo para o discernimento dos sinais de Deus na vida e na história.

Além disso, como se verificou, a Sabedoria conserva a identidade e partilha a instrução e o conhecimento para a educação da vida familiar e comunitária da nação de Israel. Tal ação pode ser constatada através do êxodo, onde não faltou a ação da Sabedoria, no sentido de ajudar o povo a sobreviver e não deixá-lo se abater pelos problemas da caminhada pelo deserto. A Sabedoria, ainda, coopera e capacita o justo, a fim de que este organize sua vida para os desafios e enfrentamentos do caminho. Assim, os sinais de Deus no êxodo aparecem no reflexo da Sabedoria, onde o povo pode encontrar libertação, proteção e direção de Deus para a salvação, sobretudo, por meio da experiência com a sabedoria divina.

REFERÊNCIAS

BÍBLIA – AT. Livro de Sabedoria. Português. *Bíblia Sagrada. Edição Pastoral*. São Paulo: Paulus, 1990.

BÍBLIA – AT. Livro de Sabedoria. Português. *Bíblia do Peregrino*. São Paulo: Paulus, 2006.

BÍBLIA – AT. Livro de Sabedoria. Português. *Bíblia de Jerusalém*. São Paulo: Paulus, 2006.

BÍBLIA – AT. Livro de Sabedoria. Português. *Bíblia de Jerusalém*. São Paulo: Paulinas, 1985.

CONFERÊNCIA DOS RELIGIOSOS DO BRASIL. *Sabedoria e poesia do povo de Deus*. São Paulo: Loyola, 1993. (Col. Tua Palavra é Vida, n. 4.)

PEREIRA, Ney Brasil. *Livro da Sabedoria: aos governantes*. Petrópolis, RJ: Vozes, 1999.

REUILLET, Robert. *Introdução à Bíblia: Antigo Testamento, os livros proféticos posteriores*. São Paulo: Herder, 1967.

ROST, Leonhard. *Introdução aos livros apócrifos e pseudoepígrafos do Antigo Testamento e aos manuscritos de Qumran.* São Paulo: Paulinas, 1980.

SCHMIDT, Werner H. *Introdução ao Antigo Testamento.* São Leopoldo, RS: Sinodal, 1994.

VON RAD, G. *La sapienza in Israele.* Trad. Carlo Bocchero. Turim: Marietti, 1975.

_____. *Teologia do Antigo Testamento: volume II.* São Paulo: Aste, 1974.

CAPÍTULO 8

O ÊXODO E A SABEDORIA DE DEUS
(Sb 11,2–12,27 + 16,1–19,22)

Luiz José Dietrich[*]
Evaldo Vicente[**]

Depois de refletir sobre a Sabedoria em diversos aspectos, dando grande espaço para abordar a Sabedoria de Salomão (Sb 8–9) – fato que leva os autores da Septuaginta a chamarem o livro de "Livro da Sabedoria de Salomão" –, os autores do Livro da Sabedoria começam a meditar sobre a Sabedoria na história narrada na Bíblia (Sb 10). E ali dedicam bastante espaço, refletindo sobre a narrativa bíblica do êxodo (Sb 11,2-14; 16,1–18,4;18,1–19,22). A meditação sobre a narrativa bíblica do êxodo, apresentada no Livro da Sabedoria, pode ser classificada como um longo *midrash*, palavra de origem judaica cuja raiz é o verbo *darash*, que significa "buscar", "investigar", "estudar" "história", então um *midrash* é o resultado de uma investigação, um estudo, uma meditação sobre alguma parte da Bíblia hebraica. Os trechos do Livro

---

[*]   Doutor em Ciências da Religião. Professor no mestrado e doutorado em Teologia da PUCPR. Email: luiz.dietrich@pucpr.br

[**] Mestrando em Teologia na PUCPR. Email: evaldo_vicente@hotmail.com

da Sabedoria que vamos analisar formam, portanto, um *midrash* sobre o êxodo.

Essas partes, por seu conteúdo, poderiam ser chamadas de "O Êxodo como Sabedoria de Deus", ou "A Sabedoria de Deus no Êxodo". E assim, merecem ser analisadas de forma um pouco mais demorada. É claro que o êxodo é um aspecto central na história e na teologia de Israel. Pode-se dizer até que o êxodo é o coração do Primeiro Testamento. Tirando-se a teologia do êxodo, não sobra quase nada da teologia do povo de Israel. Tudo se fundamenta no êxodo. E é aqui que mora o perigo!

O êxodo no Primeiro Testamento é quase como Jesus no Segundo Testamento. Sem Jesus não existe o Segundo Testamento! Mas isso não garante que cada vez que alguém escreva ou fale sobre Jesus esteja sendo fiel às ideias e propostas de Jesus. O êxodo, por sua importância central na narrativa e na teologia bíblica, também pode ser usado para legitimar violências, ou pelo menos para legitimar o domínio de um grupo sobre o outro, justificando o poder. Isso se sucedeu com o cristianismo e pode também se dar com o êxodo. E acontece especialmente quando a teologia cristã ou a teologia do êxodo são integradas nos discursos de quem está no poder. Não basta o discurso mencionar Jesus ou o êxodo para que seja confiável, para que nos traga boas expectativas e esperanças. Muito pelo contrário. A história nos ensina que devemos ler, ou ouvir, com bastante atenção a tais discursos e analisá-los de modo crítico. Então, as perguntas que orientarão a elaboração deste capítulo são as seguintes: Que tipo de discurso sobre o êxodo é esse, que encontramos no Livro da

Sabedoria? Que partes e aspectos da narrativa do êxodo são trabalhados? Que características do Deus do êxodo são sublinhadas?

Na verdade, o Livro da Sabedoria começa a tratar do êxodo já em 10,15, citando Moisés. Antes, porém, faz referência à história de José, dizendo que a Sabedoria "desceu com ele para uma cisterna e não o deixou em algemas, até alcançar para ele o cetro real e o poder sobre os que o dominavam" (10,14). Aqui parece já se delinearem as perspectivas com que o êxodo será também abordado: com o apoio da Sabedoria os judeus serão levados ao poder sobre os seus "inimigos".

O povo de Israel no Egito é chamado de "um povo santo". Em 10,16 Moisés é chamado de "servo do Senhor", em 11,1 é "um santo profeta", a Sabedoria "entrou em sua alma", e "com prodígios e sinais enfrentou reis terríveis. Aos santos deu recompensa pelos sofrimentos" (10,16-17). Também foi a Sabedoria que "os fez atravessar no mar Vermelho" e "afogou seus inimigos e os vomitou no fundo do abismo" (10,18-19). A lógica da vitória sobre os inimigos, numa espécie de troca de posições entre dominadores e dominados, acompanha toda a análise. Assim, em 10,20, reforça que "os justos despojaram os ímpios".

No capítulo 11 segue reforçando a ação poderosa e castigadora de Deus, através da Sabedoria. "De uma pedra áspera a água lhes foi dada, uma rocha dura lhes tirou a sede", (11,4), fazendo menção à água que jorrou da rocha no deserto (Ex 17,6). Enquanto isso é feito aos israelitas, aos egípcios, em troca, como "castigo" e "punição" de Deus aos inimigos de seu povo (11,8), lhes é dada a sede, pela transformação das águas em sangue

(Ex 7,20-21). A Divindade do êxodo é apresentada como uma Divindade do poder: "Pois agir com força está sempre ao teu alcance: quem poderia opor-se ao poder do teu braço? Porque o mundo todo, diante de ti, é como grão de areia na balança, como gota de orvalho matutino caindo sobre a terra" (11,21-22).

A AMBIGUIDADE DA SABEDORIA DO DEUS DO PODER

Mas esse poder é ambíguo, e também ambígua é a Sabedoria que dele resulta:

> Tu, porém, tens compaixão de todos, porque tudo podes, e fechas os olhos ante aos pecados dos seres humanos, para que se convertam. Tu amas tudo o que existe, e não detestas nada que fizeste. Se alguma coisa odiasses, não a terias feito. Como poderia alguma coisa permanecer, se não a quisesses? Ou como poderia alguma coisa se manter se não a tivesses chamado? Mas tudo poupas, porque tudo é teu, Senhor, amigo da vida (11,23-26)?

Ora mata, ora perdoa; ora é compassivo, ora é vingativo; ora é "amigo da vida" (11,26), ora tortura os inimigos do seu povo (16,4).

Como se vê na narrativa seguinte, no capítulo 12, onde a meditação histórica alcança a narrativa da conquista da terra prometida, com Josué: "Os antigos habitantes de tua santa terra tu rejeitaste" (12,3-4). Aqui, porém, os autores do Livro da Sabedoria ignoram os vários relatos de matanças encontrado no Livro de Josué (Js 6,20-21; 8,1-29; 10,1-43; 11,1-23). Mas dizem que Deus foi "castigando-os aos poucos, com tempo para conversão", mas que Deus não "ignorava a que a origem deles era má e a maldade deles era inata, e que nunca mudariam de pensamento. Eram malditos desde a origem"! (11,10-11). Assim, o Livro da Sabedoria justifica a matança dos cananeus, e a apropriação de suas terras pelos israelitas reforça essa justificativa imputando aos cananeus uma série de crimes e maus procedimentos que não estão na narrativa. De forma muito generalizante, falsa e preconceituosa, diz que os cananeus tinham

> práticas detestáveis, como magia e ritos inaceitáveis: impiedosos assassinatos de crianças e banquetes em que se comiam entranhas, carnes humanas e sangue. A esses iniciados em orgias, pais assassinos de vidas indefesas, tu os quiseste destruir pelas mãos de nossos pais (Sb 12,3-6).

Como se isso fosse praticado por todos cananeus, e que por isso devessem ser mortos não só os guerreiros, mas também as mulheres, as pessoas idosas, as criancinhas, e até mesmo os animais (Js 6,21; 10,30.33). Tudo isso "para que esta terra, por ti mais estimada que as outras, tivesse uma população digna, feita de filhos de Deus" (Sb 12,7).

Esse mesmo tom, reforçando a Sabedoria de um Deus poderoso e castigador, segue nos capítulos 16 e seguintes. Mais algumas das chamadas "10 pragas" do êxodo são lembradas. Em 16,1 os inimigos do povo de Deus são castigados e torturados por multidões de feras. A praga das rãs fez os egípcios serem torturados pela fome, porque as rãs cobriam todos os seus alimentos (16,1-4; cf. Ex 7,25–8,11). Na sequência aborda a praga dos gafanhotos, das moscas que dizimaram outro tanto dos egípcios (16,5-8; cf. Ex 8,12-28 e 10,1-20); e relembra o episódio das serpentes do deserto e da serpente de bronze (16,9-13; cf. Nm 21,4-9). Enquanto os adversários do povo de Deus eram mortos pelas "picadas dos gafanhotos e das moscas" (16,9), o povo de Deus era salvo olhando para a serpente de bronze.

Esse será o padrão seguido nas linhas seguintes: os inimigos dos israelitas são mortos pelas pragas, enquanto os israelitas são salvos pelas intervenções poderosas de Deus. Em 16,15-29, há a praga da chuva de granizo e fogo (cf. Ex 9,13-35). No capítulo 17 se estabelece o contraste entre as trevas horrorosas que atormentaram os egípcios (17,1-20) e a coluna de fogo que guiava os "santos" de Deus (18,1-4). O tom vingativo está presente no v. 4, que diz: "já os outros mereciam ficar sem luz e prisioneiros das trevas, porque haviam aprisionado teus filhos, que iam transmitir ao mundo a luz permanente da Lei".

Focaliza-se também a praga que causou a morte dos primogênitos dos egípcios (cf. Ex 11,1-10 + 12, 29-30). Também a morte dos primogênitos é justificada: Os egípcios decidiram matar os "filhos dos santos", os meninos dos israelitas, então, "como castigo, eliminaste uma multidão de filhos deles" [...] "tinham mortos sem conta... e os vivos não eram suficientes para sepultá-los. O melhor da geração deles desapareceu de uma só vez" (Sb 18,5-19). E descrevem assim: "a noite estava pelo meio do seu caminho, tua palavra cheia de poder veio do céu, do trono real, como guerreiro implacável, sobre a terra condenada. E trazia teu decreto taxativo, como espada afiada. Ela parou e preencheu tudo com a morte" (18,14-16). O Livro da Sabedoria termina abordando a passagem do mar Vermelho (19,1-22), onde "contra os ímpios a ira foi implacável até o fim" (19,1). O v. 19,5 deixa claro a linha de punição e vingança: "Teu povo fazia uma caminhada maravilhosa, enquanto eles haveriam de encontrar uma morte inesperada", pois

> os castigos recaíram sobre os pecadores, não sem antes o aviso antecipado de raios violentos. Sofreram justamente por causa de seus próprios males e porque odiaram violentamente os estrangeiros. Houve quem não acolhesse visitantes desconhecidos; mas eles escravizaram estrangeiros benfeitores. E ainda mais: se é certo que os primeiros receberão castigo por terem recebido os estrangeiros de maneira hostil, quanto mais estes, que os receberam com festas e lhes permitiram participar dos seus direitos, e depois os atormentaram com trabalhos pesados (19,13-16).

Várias palavras gregas que têm o sentido de castigar, punir, disciplinar, condenar demarcam todo o itinerário seguido por esse *midrash* sapiencial sobre êxodo: *ekdíkêsis* (11,15); *paidéuo* (11,9; 12,22); *krísis* (12,25.26); *koládzo* (16,1.24; 19,4); *kólasis* (16,6). O que reforça o peso desse tipo de pensamento no uso da Teologia do Êxodo. A Teologia do Êxodo é aqui transformada em uma espécie de Teologia da Retribuição. Onde um Deus de poder recompensa alguns e pune outros. Mas os critérios não são o da opressão, escravidão, injustiças sociais, violências. Procura-se mais legitimar um grupo contra outro. Essa teologia pode ser a teologia desenvolvida por um grupo de judeus que esteve por muito tempo no poder em Alexandria, como amigos e aliados dos ptolomeus, mas que perderam o poder e os privilégios com a ocupação romana da cidade, a partir dos anos 30 a.C. Antes, como ricos, poderosos, muito provavelmente donos de escravos – estima-se que para cada cidadão livre de Alexandria houvesse na cidade dois escravos –, e como participantes do poder e dos benefícios advindos disso, esse grupo de judeus não investiam contra as práticas religiosas das classes dominantes alexandrinas. Porém, agora fora do poder, juntavam seu discurso religioso com sua luta política antirromana, em busca de reaver sua força na política e na economia de Alexandria.

TEOLOGIA DO ÊXODO PARA JUSTIFICAR DOMINAÇÃO

Essa forma de usar a Teologia do Êxodo é muito semelhante com o uso em outras partes da Bíblia. Especialmente seu uso como parte do discurso da religião oficial, que falava em nome de Javé, o Deus libertador do Egito. Como pode ser visto em Ex 23,14-19, ou Ex 34,18-20. Ali os textos apresentam três grandes festas de peregrinação estipuladas pelas monarquias: "três vezes ao ano, toda a população masculina se apresentará diante do Senhor Javé". A primeira delas devia acontecer no mês de Abib, "porque foi nesse mês que você saiu do Egito" (Ex 23,15; 34,18). Nessas peregrinações, os israelitas deviam dirigir-se aos templos oficiais dos reis, ou, depois de Ezequias e de Josias, ao templo de Jerusalém, instituído como santuário único de Javé, e o texto diz explicitamente: "e ninguém deve aparecer de mãos vazias diante de mim"! (Ex 23,15; 34,20). Aqui a religião oficial das monarquias de Israel já está usando a Teologia do Êxodo como justificativa para exigir que os camponeses entregassem parte de sua produção agropecuária aos reis e sacerdotes.

A monarquia e a religião oficial também usaram a Teologia do Êxodo para impor a centralização do culto em Jerusalém e toda a violência implicada nas reformas da imposição da monolatria em Israel. Essas foram as reformas levadas a cabo pelos reis Ezequias e Josias. Por sua importância na história de Israel e no estabelecimento da teologia oficial que percorre a maior parte das linhas da Bíblia, e também por estarem relacionadas com esse estudo do Livro da Sabedoria, merecerão aqui um parêntesis especial.

A reforma de Ezequias (716-687 a.C.)

Pouco antes de Ezequias assumir o poder em Jerusalém, a Assíria conquistou o reino de Israel e destruiu Samaria (722 a.C.). Durante o reinado de Ezequias o domínio assírio estendeu-se até incluir parte do Egito. Ainda que o império assírio dominasse todas as regiões importantes ao seu redor, Ezequias busca manter Judá como um reino independente. Nesse contexto de resistência situa-se a sua reforma. Ezequias prepara-se para uma guerra com o exército assírio. Amplia o fornecimento de água cavando na rocha um canal de pouco mais de 500 m, que hoje é chamado de "o túnel de Ezequias", para levar água da fonte de Gion para dentro dos muros de Jerusalém (2Rs 20,20; 2Cr 32,30; Eclo 48,17; Is 22,11). Também aumenta a área da cidade, para que ela possa acolher tanto fugitivos do reino de Israel (722 a.C.) como nobres das 46 cidades dos arredores de Jerusalém (cf. 2Cr 30,18.25; 2Rs 22,14),[1] que foram tomadas por Senaquerib em 701 a.C. (2Rs 18,13; 2Cr 32,1). Ele reforça o tamanho e a espessura das muralhas que cercavam a cidade de Jerusalém (2Cr 32,5; Is 22,9-10).

É esse contexto de forte preparação militar que leva Ezequias a fazer uma importante modificação teológica em Judá. Em todo o reino de Judá somente se adorará a Javé. E Javé será cultuado somente em Jerusalém. É para lá que deverão, a partir de agora, serem levadas todas as oferendas que anteriormente eram feitas fora de Jerusalém. Todos os santuários e cultos fora de Jerusalém passam a ser proibidos, sejam eles dedicados a "outros deuses", às deusas, ou mesmo a Javé. Todos os santuários, locais de culto (os "lugares altos") fora de Jerusalém, são condenados e destruídos. Todos os outros deuses e deusas, e suas respectivas imagens, são destroçados e proibidos. A ideia é que para ter a proteção de Javé, contra o poderoso império assírio, Judá deve fazer uma aliança de adoração exclusiva a Javé, ser o povo de Javé, para que Javé seja o Deus de Judá (2Rs 18,3-6; 2Cr 29,1–31,1).

Javé, no mundo politeísta vigente até então, era provavelmente a divindade que patrocinava, guardava e

---

[1] Nesse período, em menos de 20 anos a área cercada por muralhas em Jerusalém passou de 5 hectares (50.000 m²/0,05 Km²) para 60 hectares (600.000 m²/0,6 km²), e a população que vivia em seu interior passou de 1.000 ou 2.000 para 15.000 habitantes, cf. FINKELSTEIN, Israel; SILBERMAN, Neil Asher. *A Bíblia não tinha razão*. Trad. Tuca Magalhães. São Paulo: A Girafa Editora, 2003, p. 29-331; LIVERANI, Mário. *Para além da Bíblia – História antiga de Israel*. Trad. Orlando Soares Moreira. São Paulo: Paulus/Loyola, 2008, p. 195-199. Avaliação divergente, com números maiores, é apresentada por William M. Shniedewind, *Como a Bíblia tornou-se um livro. A textualização do Antigo Israel*, trad. Luciana Pudenzi, São Paulo, Loyola, 2011, p. 98-106. Porém, esse autor parece superestimar a importância de Jerusalém no tempo de Ezequias.

dirigia os guerreiros encarregados da defesa armada das vilas camponesas, quando estas estivessem em perigo ou sob ataque. Desde Davi era também o Deus do rei, da dinastia davídica. Com Ezequias Javé passará a ser o Deus nacional de Judá. Para ser a divindade oficial, única divindade de Judá, sua jurisdição tem de abarcar todas as áreas da vida. Javé será então identificado com as divindades clânicas, familiares, chamadas genericamente de Elohim, e também com El, o grande Deus supremo do panteão cananeu (Dt 10,17), sendo que os cultos oficiais passam a atribuir a Javé tanto as funções dos Elohim e de El, como também as de Baal, de Asherá, de Astarte e de muitas outras (Dt 28,1-68; cf. 7,12-16; 11,13-17; Ex 12,1–13,16). Com isso, funções anteriormente atribuídas a outras divindades, como a fertilidade das mulheres e dos animais, seus primogênitos, a fertilidade e as primícias dos campos, a chuva, amor, saúde, doença, morte etc., paulatinamente são transferidas a Javé.

Javé, como único Deus de Judá, e o templo de Jerusalém, como único local de culto permitido, são uma tremenda centralização religiosa que tem como objetivo a concentração de todas as oferendas em Jerusalém. Sacrifícios e oferendas que antes eram realizados em milhares de locais sagrados, agora passaram a ser direcionados a Jerusalém. Com isso, Ezequias visa estocar mantimentos e obter produtos para comerciar e obter recursos para suas obras, equipar seu exército e fortalecer suas defesas (2Cr 31,4-12). Porém, a centralização religiosa foi feita, como sempre acontece, com muita imposição e violência (2Rs 18,4.22; Is 36,7; 2Cr 30,13-14; 31,1). E como uma série de textos da chamada "Obra histórica deuteronomista" (Js, Jz, 1 e 2Sm, 1 e 2Rs), do Pentateuco e de vários livros dos profetas tiveram sua redação iniciada nessa época, o rosto desse Javé oficial violento, excluidor, exclusivista, centralizador, homogeneizador e intolerante ficou gravado em muitas partes da Bíblia. Algumas delas estão no início desse capítulo.

A reforma de Josias (640-609 a.C.)

O que Ezequias fez no âmbito de Judá, Josias sonhou fazer em todo Israel. Josias assume o poder quando a Assíria entra em decadência, é expulsa do Egito e se retira da Palestina. A reforma centralizadora de Josias segue a mesma inspiração e tem a mesma pauta da reforma de Ezequias. Porém, Josias sonha estender o poder de Jerusalém, da casa de Davi, abarcando além de Judá também o território do antigo reino do Norte. Nos textos do Pentateuco e dos livros históricos redigidos nessa época, Josias projeta o ideal das doze tribos unidas, adorando a um só Deus, seguindo a um só homem, em aliança com Javé. Mostra Moisés, Josué, os Juízes, Samuel, Saul e Davi numa linha sucessória designada por Javé, sempre realizando o papel que ele sonha para si: as doze tribos unidas em um só povo, seguindo a um só homem e, agora, adorando somente a Javé e somente em Jerusalém. A reforma de Josias veio após o longo reinado de Manassés, que deve ter reintroduzido o culto a outras divindades em Jerusalém e talvez também em Judá, e que realizou um governo completamente submisso à Assíria (2Rs 21,1-17). Com Josias, Javé passa a ser "o Deus de Israel, o Deus que te tirou da casa do Egito, da casa da servidão". Para realizar seu sonho de construir um pequeno império, projetado na mítica imagem do império davídico salomônico, criada pelos escribas e sacerdotes de Josias,[2] Josias terá de enfrentar o faraó, que também pensa em assumir o controle sobre o espaço vazio deixado pelos assírios em retirada.

Como Josias terá mais condições políticas e militares de promover sua reforma e integrar em seu domínio político o reino do Norte – que o poder assírio em seu ápice não permitiu a Ezequias –, sua ação certamente terá um componente de violência maior (2Rs 23,4-23; 2Cr 34,3-7). A ampliação do domínio político sobre as terras e tribos do Norte, a violência contra os santuários, os deuses e deusas cultuados há séculos, a violência contra seus sacerdotes, sacerdotisas (2Rs 23,5-7.14.16.20) e seguidores, necessitam de uma justificativa forte e muito bem elaborada.

Com essa função, grande parte do atual Pentateuco, dos livros da "Obra histórica deuteronomista", dos livros dos profetas pré-exílicos, de Provérbios e Salmos, foram redigidos de modo a dar suporte teológico e legitimação religiosa para a reforma e o projeto de Josias. Muitos textos de Êxodo, Levítico, Números, Deuteronômio e dos livros históricos, com Javé ordenando que sejam mortos os cananeus, que seus templos, seus deuses e suas imagens sejam totalmente destruídos, provavelmente são redigidos nessa época, como Dt 13, o Livro de Josias etc. Visam inscrever no passado uma ordem dada por Javé (a partir do "livro da Lei", "descoberto" no templo, provavelmente Dt 12–26 ampliado) que nunca fora completamente seguida pelo povo de Israel, mas que

---

[2] Divergindo da interpretação apresentada por William M. Schniedewind, citada na nota anterior.

agora Josias estava decidido a implantar, com apoio de Javé (2Rs 23,1-3).

E nesses textos transparece toda a ambiguidade da teologia oficial dessa época. Como o principal adversário político de Josias é o faraó do Egito, Javé vai ser mostrado como o Deus do Êxodo: "Eu sou Javé teu Deus que te fez sair da terra do Egito, da casa da escravidão" (Ex 20,1). E o êxodo vai ser mostrado como uma luta entre o faraó, com seus deuses e seu exército de um lado (Ex 12,12; 14,25-28; 15,1-11), e do outro Javé e "os filhos de Israel", as doze tribos unidas, comandadas por um só homem, em aliança com Javé (Ex 6,1.6-7; 7,4-5; 8,6; 10,1-2). Usa-se e reforça-se o sagrado rosto de Javé, como um Deus libertador, sensível à injustiça e à opressão, defensor da vida dos oprimidos, forjado desde a antiguidade no culto dos camponeses que se armavam para lutar em defesa de suas colheitas, sua liberdade e de suas vidas, refletido numa das mais belas passagens da Bíblia: "Javé disse: eu vi, eu vi, a miséria do meu povo que está no Egito. Ouvi seu grito por causa de seus opressores; pois eu conheço as suas angústias. Por isso desci a fim de libertá-lo da mão dos egípcios" (Ex 3,7-8a; cf. 2,23-25; 6,5; At 7,34). Mas esse sagrado rosto do Javé que defende e promove a vida é posto a serviço do projeto de dominação de Josias e usado para justificar toda a violência necessária para sua efetivação: a "terra boa e vasta, terra que mana leite e mel", que Javé promete para o seu povo, é a terra dos "cananeus, dos heteus, dos amorreus, dos ferezeus, dos heveus e dos jebuseus" (Ex 3,8b), e estes povos deverão ser exterminados! Javé mesmo vai ajudar a exterminá-los (Ex 23,23-33). Esses povos deverão ser excluídos, desterrados, atacados e mortos ou escravizados por quê? Por que são assassinos contumazes? Violentos e opressores? Promotores de injustiças abomináveis? Não! Somente porque adoram a outros deuses, possuem imagens, cultuam suas divindades de formas e modos diferentes daquele que Ezequias e Josias estabeleceram em suas reformas centralizadoras da religião, com objetivos econômicos, políticos e militares. É a Teologia do Êxodo posta a serviço da monarquia e do templo centralizado. Como teologia oficial, legitima a concentração de poder e riqueza nas mãos da classe dominante de Jerusalém. Parece ser essa a Teologia do Êxodo que ecoa no *midrash* apresentado no Livro da Sabedoria.

O ÊXODO COM TEOLOGIA E SABEDORIA LIBERTADORA

Felizmente, na Bíblia perseveram textos com a Sabedoria e a espiritualidade libertadora do êxodo. Foi neles que certamente Jesus de Nazaré enraizou sua prática e sua vida. Essas deduções libertadoras da experiência do êxodo podem ser vistas, por exemplo, no cabeçalho, que é a parte mais importante e permanente dos "Dez mandamentos": "Eu sou Javé teu Deus, que te tirou do Egito, da casa da servidão" (Ex 20,2; Dt 5,6), por isso não deverás matar, roubar, acumular etc. O caráter libertador da Divindade, revelado no êxodo, deve inspirar toda a forma de viver e de organizar a sociedade, buscando a maior coerência possível com esse rosto libertador.

A Sabedoria do Êxodo aparece também orientando várias leis como essa: "Não oprimirás o migrante, ou o estrangeiro, porque fostes migrante, estrangeiro no Egito"

(Ex 22,20; 23,9; Lv 19,34; Dt 10,19). No êxodo Deus manifestou-se parceiro dos oprimidos: "Se queres Deus do teu lado não deves oprimir". Também na lei sobre o sábado, como se lê em Dt 5,14-15:

> O sétimo dia, porém, é o sábado de Javé, seu Deus. Não faça trabalho nenhum, nem você, nem seu filho, nem sua filha, nem seu escravo, nem sua escrava, nem seu boi, nem seu jumento, nem qualquer um de seus animais, nem o migrante que vive dentro das portas de suas cidades. Desse modo seu escravo e sua escrava poderão repousar com você. Lembre-se de que você também foi escravo na terra do Egito.

Essa lei visa evitar que seja reproduzida a situação de escravidão vivida no Egito. Essa é a Sabedoria do Êxodo: evitar oprimir e escravizar, porque, se isso for feito, Deus "deixará de estar ao teu lado para estar ao lado daqueles que oprimes e escravizas".

A Sabedoria do Êxodo transparece também no bloco de leis que estão em Dt 15,1-18 e 24,5-22. Essa Sabedoria deve ser posta em prática para evitar a opressão e também para evitar os mecanismos que produzem a pobreza e levam à dependência e à escravidão por dívidas.

> "Não deverá haver pobres em teu meio" (Dt 15,4): "Quando no seu meio houver um pobre, mesmo que seja um só de seus irmãos, numa só das portas de suas cidades, na terra que Javé, o seu Deus, dará a você, não endureça o coração nem feche a mão para esse irmão pobre. Pelo contrário, abra a mão e empreste o que está faltando para ele, na medida em que o necessitar".

Novamente a Sabedoria do Êxodo está presente: "Lembre que você também foi servo no Egito e que Javé, o seu Deus, o resgatou" (Dt 15,15). Em Dt 24, 5-22, um bloco de "Medidas de proteção e de direitos humanos", essa Sabedoria está muito presente e explicitamente repetida em dois versículos. Ali a memória da ação libertadora é claramente posta como princípio fundador da sociedade que Deus quer: "Lembre-se: você foi servo no Egito, e daí Javé, o seu Deus, o resgatou. É por isso que eu o mando agir deste modo" (Dt 24,18 e 22).

Então, que a leitura do Livro da Sabedoria sirva para nós de ponto de reflexão para que saibamos discernir e viver segundo a verdadeira Sabedoria do Êxodo, a Sabedoria do Deus libertador que quer a liberdade, do Deus que não quer opressão, escravidão, pobreza, fome ou miséria. Deus que se revela plenamente em Jesus de Nazaré. Que o Espírito Santo nos transmita essa Sabedoria, e que com ela possamos romper com os limites que o ritualismo, o sacramentalismo e o doutrinarismo impõem à nossa espiritualidade e às nossas comunidades, e que possamos ser e construir uma sociedade cada vez mais coerente com o rosto de Deus revelado em Jesus de Nazaré, Sabedoria de Deus, Sabedoria da Vida, vivida na solidariedade, na justiça e no amor.

REFERÊNCIAS

DIETRICH, Luiz José. *Violências em nome de Deus. Monoteísmo, diversidades e direitos humanos*. São Leopoldo: CEBI – Centro de Estudos Bíblicos, 2013.

FINKELSTEIN, Israel; SILBERMAN, Neil Asher. *A Bíblia não tinha razão*. São Paulo: A Girafa Editora, 2003.

LIVERANI, Mário. *Para além da Bíblia – História antiga de Israel*. São Paulo: Paulus/Loyola, 2008.

PAUL, André. *O judaísmo tardio. História política*. São Paulo: Paulinas, 1983.

PEREIRA, Ney Brasil. *Livro da sabedoria. Aos governantes, sobre a justiça*. Petrópolis/São Leopoldo: Vozes/Sinodal, 1999.

SHNIEDEWIND, William M. *Como a Bíblia tornou-se um livro. A textualização do Antigo Israel*. São Paulo: Loyola, 2011.

CAPÍTULO 9

A SABEDORIA DE DEUS NA BONDADE, NO AMOR À CRIAÇÃO, NA BUSCA DA JUSTIÇA (Sb 11,15–12,27)

Ildo Perondi[*]

A passagem que será estudada (Sb 11,15–12,27) é o primeiro bloco da terceira parte do Livro da Sabedoria (10,1–19,22), onde o autor demonstra a ação da Sabedoria e do próprio Deus na história humana. Na primeira seção (10,1–11,14) dessa parte, foi recordada a ação de justiça de Deus desde Adão até a libertação do povo e o milagre da água, cujo ponto alto é a libertação do povo de Deus da escravidão do Egito.

Essa segunda seção apresenta a primeira digressão, mostrando a moderação divina diante dos opressores e as razões pelas quais Deus faz justiça sem ser justiceiro, através de ações realizadas com bondade e amor, cujo objetivo principal é a salvação do seu povo. Ao contrário

---

[*] Mestre em Teologia Bíblica pela Pontifícia Universidade Urbaniana de Roma; doutor em Teologia Bíblica pela PUC-Rio. Professor no mestrado e doutorado em Teologia da PUCPR. Email: ildo.perondi@pucpr.br

do que se podia esperar, Deus age sem matar e destruir os inimigos do seu povo.

Há uma motivação para que Deus revele esse seu modo pedagógico de agir. Ele espera, com isso, que o ser humano reconheça o seu amor por todas as suas criaturas (11,23–12,18) e imite seu modo de agir. Não se trata da fraqueza ou de um modo cruel, muito menos pode parecer a impotência de Deus, mas mostrar de fato que ele tudo dispôs com medida, número e peso (11,20c).

A passagem será dividida em seis partes para facilitar o seu estudo, compreensão e interpretação.

11,15-20: A ação moderada de Deus diante dos egípcios
11,21–12,2: As razões da ação moderada de Deus
12,3-11a: A ação moderada de Deus com os cananeus
12,11b-18: As razões da ação moderada de Deus
12,19-22: Ensinamentos ao povo desta moderação divina
12,23-27: Ainda o castigo sobre os egípcios

A AÇÃO MODERADA DE DEUS DIANTE DOS EGÍPCIOS (Sb 11,15-20)

A primeira digressão apresenta como Deus agiu de forma misericordiosa em relação aos egípcios que oprimiam o povo eleito. Leiamos o texto abaixo:

[15]Por causa dos raciocínios insensatos da injustiça deles, erraram e adoraram répteis privados de razão e animais desprezíveis. Como castigo, enviaste a eles multidões de animais irracionais, [16]para aprenderem que cada um é castigado através daquilo mesmo com que peca. [17]Para a tua mão onipotente, que da matéria informe criou o mundo, não teria sido difícil mandar contra eles bandos de ursos e leões ferozes, [18]ou feras desconhecidas e

recém-criadas, cheias de furor, espirando hálito de fogo e expelindo turbilhões de vapor pestilento, e lançando pelos olhos relâmpagos terríveis. [19]Animais que não só poderiam exterminá-los com o seu furor, mas aniquilá-los somente com seu aspecto apavorante. [20]Mesmo sem nada disso, poderiam sucumbir com um sopro apenas, perseguidos pela justiça e espalhados pelo sopro do teu poder. Mas tudo dispuseste com medida, número e peso.

A punição que Deus aplica tem um objetivo pedagógico e não destruidor. A sua finalidade está na busca da conversão dos perversos (Sb 11,23b; 12,10a.19c.20c) e em proporcionar condições para que estes busquem a fé nele (12,2.27c). O que é tratado nessa questão é a condenação da zoolatria, isto é, a adoração a animais. Os mesmos elementos que serviam aos injustos para o seu pecado de idolatria, tornam-se para eles um flagelo de castigo e punição.

Agindo dessa forma, Deus mostra-se misericordioso justamente porque é onipotente (11,19), e revela que a misericórdia é o verdadeiro rosto da onipotência divina, demonstrando esse seu aspecto misericordioso ao manifestar esse "espírito incorruptível" presente em todas as coisas (12,1) (MAZZINGHI, 2012, p. 242).

O texto grego por duas vezes caracteriza no v. 15 esses animais como "*a-logos*", isto é, "sem palavra", sem vida e sem poder de comunicação, e, também, que as traduções os apresentam como "privados de razão" ou "irracionais". Esses seres eram adorados como deuses, porém não agiam com o poder de Deus. Deles são feitas e adoradas imagens e, no entanto, são incapazes de agir. E para que aprendam diante dessa sua insensatez, Deus envia justamente essas espécies para punir e castigar.

No v. 16 parece que há uma referência à lei do talião (Ex 21,23-24), porém não é esse o agir de Deus. A ênfase é dada naquilo que pode ser observado pela própria experiência. Há uma relação entre pecado e castigo. O pecado acaba se transformando em instrumento de punição ao pecador que recebe o castigo. Assim, a punição é consequência do próprio pecado cometido.

Se os deuses dos perversos são *"a-logos"*, o Deus da Bíblia, ao contrário, é aquele que é capaz de criar, através da sua palavra, mesmo do nada, como do caos e das trevas criou todas as coisas com sua palavra (Gn 1). Quem tudo criou, pode criar mais. Deus poderia criar novas criaturas cheias de maldade e com poder destruidor. Mas não é esse o modo de agir de Deus, pois todas as criaturas foram criadas em vista da beleza e da bondade, onde por sete vezes o texto bíblico assinala que a criação aparece como "boa/bela" (Gn 1,4.10.12.18.21.25.31).

Lamentavelmente, quem foi capaz de criar esses monstros destruidores foi o próprio ser humano. Pior do que os seres destruidores do v. 18 são as armas de guerras modernas: drones, superbombas, armas químicas e nucleares. Estas armas têm, sim, o poder de produzir terror e de eliminar, através do seu poder destruidor, tudo que está a sua volta.

A pedagogia divina se manifesta no saber dosar inclusive a punição, já que ele tudo dispôs "com medida, número e peso" (v. 20). Esse modo de agir reforça que a misericórdia está acima da severidade. Os egípcios adoravam e faziam imagens de crocodilos, serpentes, lagartos e rãs. Deus não enviou leões, cobras ou outros animais ferozes para punir os egípcios que tanto mal fizeram aos filhos de Israel. Enviou pequenos animais, como rãs

(Ex 8,1-15), mosquitos (Ex 8,16-19), moscas (Ex 8,20-24) e gafanhotos (Ex 10,3-15) (WRIGHT, 2007, p. 1020).

O autor da Segunda Carta de Pedro, muitos anos mais tarde, irá afirmar que Deus age com paciência diante dos pecadores, a fim de possibilitar tempo para a sua conversão (2Pd 3,9). Esse modo calculado de agir tem como meta não produzir o mal e ensinar que a punição não pode ser superior ao delito praticado. Essa pedagogia, portanto, torna-se também modelo para o agir humano. Também será esse o ensino de Jesus Cristo, quando pede que devemos amar os nossos inimigos e orar por aqueles que nos perseguem (Mt 5,43-48).

AS RAZÕES DA AÇÃO MODERADA DE DEUS (Sb 11,21–12,2)

[21]Prevalecer com a força é sempre possível para ti. Quem poderia opor-se ao poder do teu braço? [22]O mundo inteiro diante de ti é como grão de areia na balança, como gota de orvalho matutino caindo sobre a terra. [23]Todavia, tu tens compaixão de todos, porque podes tudo, e não levas em conta os pecados dos homens, para que eles se arrependam. [24]Tu amas tudo o que existe, e não desprezas nada do que criaste. Se odiasses alguma coisa, não a terias criado. [25]De que modo poderia alguma coisa subsistir, se tu não a quisesses? Como se poderia conservar alguma coisa se tu não a tivesses chamado à existência? [26]Tu, porém, poupas todas as coisas, porque todas pertencem a ti, Senhor, o amigo da vida. 12,1 O teu espírito incorruptível está em todas as coisas. [2]Por isso, castigas com brandura os que erram. Tu os admoestas, fazendo-os lembrar os pecados que cometeram, para que, afastando-se da maldade, acreditem em ti, Senhor.

O poder de Deus não se manifesta através da sua força e ação violenta, mas quando demonstra e age com misericórdia e compaixão. Dessa forma, onde parece haver fraqueza é precisamente onde reside a sua grandeza e seu poder. Deus age assim porque é o criador e porque ama todas as criaturas. Ele poderia muito bem ter aniquilado e destruído os egípcios, mas, porque ama, oferece sempre uma possibilidade de arrependimento (11,23–12,2), demonstrando, assim, o seu modo de fazer justiça.

O autor tem a convicção de que todas as criaturas são boas. Mesmo não tendo o conhecimento que temos hoje da grandeza e imensidão do universo, reconhece que o mundo que se vê é apenas uma gota, um grão de areia, uma pequena porção de todo o cosmos criado. Mas mesmo essa pequena porção merece o carinho e o cuidado do criador. Todas as criaturas foram criadas para o bem, do contrário, não teriam sido criadas (11,25).

Foi a opção do ser humano pelo pecado que transformou e afastou essas criaturas do Deus criador. Deus não castiga imediatamente quem produz o mal. Isso explica o seu aparente sucesso, isto é, dos ímpios (como em 4,4-5) (RYBOLT, 2001, p. 410). A paciência de Deus vai justamente até o extremo de permitir que os ímpios continuem com suas práticas na esperança que percebam seu erro e se convertam das suas maldades (11,23).

No entanto, se Deus manifesta paciência diante dos injustos egípcios, demonstra sua fidelidade e seu poder salvífico diante dos israelitas perseguidos. A mesma forma de agir que Deus já havia manifestado em favor do justo perseguido (Sb 1–5), ele demonstra em favor de Israel no êxodo. Esse agir tem uma coerência e um elo entre criação e salvação. Ele criou o cosmos a partir do caos e salvou Israel do caos estabelecido pela injustiça egípcia. O que Deus fez no êxodo, portanto, torna-se paradigma do modo como Deus intervém com o objetivo de salvar os perseguidos e oprimidos. Ele remodela, recria e transforma o cosmos, reparando, assim, com seu poder salvífico o caos causado pela injustiça (CERESKO, 2004, p. 173). E faz isso sem destruir ou eliminar os injustos, apenas demonstrando seu poder e deles aguardando a conversão. Ele é capaz e quer salvar os pecadores e opressores do caos em que estão, pois eles também são suas criaturas; se os preservou é porque os ama também.

Deus é o soberano (*déspota*) "amante da vida" (11,26). Ele ama o que criou. O texto emprega o verbo *agapáo*, para demonstrar o amor que ele tem não somente pelos israelitas, mas por tudo o que existe, por todas as obras criadas, inclusive o seu amor diante dos injustos. É o único caso na LXX (Septuaginta) onde o verbo "amar" (*agapáo*) é empregado referindo-se a toda criação (ideia que será retomada em Jo 3,16). Com isso se explica o sentido profundo do que foi manifestado em 1,4: todas as criaturas são portadoras de salvação porque o cosmos inteiro exprime a presença do amor de Deus (MAZZINGHI, 1997, p. 392).

Deus prefere agir com misericórdia e perdão (11, 23-24), pois suas admoestações são unicamente para que os pecadores tomem consciência do seu pecado, por isso são feitas com bondade e com brandura (2,2). Dentro de cada ser existe aquele "espírito incorruptível" que está em todas as criaturas (12,1). É essa parte sensível do pecador que Deus quer tocar e sensibilizar. Quando isso acontecer, o ser humano conseguirá se reconhecer pecador, mas amado por Deus, e então buscará a conversão e a reconciliação com seu Criador. É desse modo que surge a maravilha de Deus que não destrói os malvados, como seria de se esperar (MAZZINGHI, 2012, p. 241), mas demonstra a eles a sua misericórdia e compaixão. Ele age com amor, em vez de usar a da força (11,21).

A AÇÃO MODERADA DE DEUS COM OS CANANEUS (Sb 12,3-11a)

[3]Tu odiavas os antigos habitantes da tua terra santa, [4]porque faziam coisas detestáveis, praticavam magia e ritos sacrílegos. [5]Assassinavam impiedosamente seus próprios filhos, realizavam banquetes em que devoravam entranhas, carne humana e sangue. A esses iniciados em orgias, [6]pais assassinos de seres indefesos, tu os quiseste destruir pela mão de nossos antepassados. [7]Tudo isso, para que esta terra, mais estimada por ti do que qualquer outra, recebesse uma população digna, formada por filhos de Deus. [8]Mas também com eles, porque eram homens, tu os trataste com indulgência, mandando vespas contra eles, como precursores do teu exército, a fim de os destruir pouco a pouco. [9]Tu bem podias ter entregue os injustos na mão dos justos durante uma batalha, ou destruí-los com animais ferozes, ou ainda com uma ordem repentina e sem apelação. [10]Mas tu os castigaste pouco a pouco, dando-lhes oportunidade de se arrependerem, embora não ignorasses que vinham de uma raça perversa, que a maldade deles era inata e que nunca mudariam de mentalidade, [11]porque desde a origem vinham de uma raça maldita.

Os cananeus são identificados como os primitivos habitantes da Palestina, aos quais devem se somar os amonitas, moabitas e edomitas. O Livro de Josué cita uma lista maior: amorreus, ferezeus, cananeus, heteus, gergeseus, heveus e jebuseus (Js 24,11). Também em relação a estes povos Deus demonstrou a sua paciência e indulgência, concedendo a eles o tempo necessário para a conversão e para tomarem consciência das suas abominações presentes nas práticas de idolatria.

Uma das acusações contra os cananeus era a prática do sacrifício de crianças, seres ainda indefesos (12,4). Os cananeus ofereciam em sacrifício o primeiro filho ao deus Molek (ou Moloc). As cinzas eram colocadas em uma urna e enterradas e sobre elas era construída a casa ou os santuários. A prática de oferecer filhos em sacrifício aos deuses é duramente condenada na Bíblia (Lv 18,21; 20,2-5; Dt 12,29-31; 18,9-12; 2Rs 3,26-27; 16,1-3; 21,6; 23,10; Sl 106,34-38; Is 30,33; Jr 7,31-35; 19,5; 32,35). Ao contrário, o Deus da Bíblia ordena que os primogênitos devem ser resgatados, pois pertencem ao Senhor (Ex 13,11).

Essa acusação contra o sacrifício de crianças inocentes pode estar fazendo eco a uma das acusações de Ezequiel contra os filhos de Israel, que ao entrarem na Terra Prometida foram seduzidos pelos cananeus e imitaram suas práticas:

> Você pegou até seus próprios filhos e filhas que você havia gerado para mim, e sacrificou-os para que essas estátuas os devorassem. Como se suas prostituições não fossem o bastante, você ainda matou meus filhos, e os entregou para serem queimados em honra dessas estátuas (Ez 16,20-21).

A moderação de Deus foi demonstrada na ocasião em que Deus deu a terra ao povo de Israel. O autor designa o local como "Terra Santa". Esta expressão muito comum hoje aparece pela primeira vez em Zc 2,16, quando o Senhor convida os exilados na Babilônia a retornarem, onde terão a sua porção na "terra santa", e que no AT só é repetida em 2Mc 1,7. Nota-se uma harmonia evidente com 12,7, onde a terra é indicada como "mais estimada como qualquer outra", portanto, remete à sua origem no início da criação (Gn 1). É essa "terra santa" que deve receber e ser habitada por um povo que fosse santo (RYBOLT, 2001, p. 410). Uma das tarefas da Sabedoria era justamente ir em toda parte e buscar os que fossem dignos dela (6,16).

Diante dos cananeus, outra vez foi manifestada a moderação de Deus. Contra eles poderiam ter sido enviados novamente os animais mais ferozes ou um exército potente e destruidor, que poderia ter matado a todos. Ao contrário, "enviei vespas diante de vós que os expulsaram da vossa presença" (Js 24,12). Agindo assim, foi possível que na pequenez dos meios brilhasse o poder de Deus. Foram insetos frágeis, diante dos quais era possível fugir e preservar a vida. Dessa forma, o texto do Livro da Sabedoria ameniza a visão mais dura de Ex 23,28 e Dt 7,20.

Em 12,10-11b os cananeus são qualificados como "uma raça perversa", que possuíam uma "maldade inata" e "desde a origem vinham de uma raça maldita". Cam, o pai dos cananeus, foi o filho que viu a nudez de Noé. Por isso, os cananeus haviam sido amaldiçoados (Gn 9,24-27). Recordando a sua péssima origem, o autor tenta justificar os vícios que os cananeus haviam contraído e que já estavam radicados em seu modo de viver.

AS RAZÕES DA AÇÃO MODERADA DE DEUS
(Sb 12,11b-18)

Certamente não era por medo de ninguém que tu não castigaste a culpa deles. [12]De fato, quem poderia perguntar a ti: O que foi que fizeste? Quem ousaria opor-se à tua decisão? Quem te acusaria por destruir nações que criaste? Quem se apresentaria contra ti para defender homens injustos? [13]Por outro lado, além de ti, não há outro Deus que cuide de todas as coisas, e diante de quem devas defender-te da acusação de ser juiz injusto. [14]Nenhum rei ou soberano pode confrontar-se contigo para defender aqueles que tu castigaste. [15]Tu, porém, és justo, e governas todas as coisas com justiça. Consideras incompatível com o teu poder condenar alguém que não mereça castigo. [16]De fato, a tua força é princípio de justiça, e o teu domínio universal faz que sejas indulgente para com todos. [17]Tu mostras tua força para quem não acredita na perfeição do teu poder, e confundes a insolência daqueles que o conhecem. [18]Apesar de tudo, dominas a tua própria força e julgas com brandura. Tu nos governas com muita indulgência, porque tu podes exercer o poder quando queres.

O autor convida todos os seres humanos a defrontar-se diante de Deus e seu poder onipotente. Mais uma vez todos devem contemplar a grandeza de Deus, porém, que não se manifesta pela força e pela opressão que destrói, e sim pelo seu poder de agir de forma misericordiosa e amorosa e da sua paciente pedagogia diante da fragilidade humana.

Não é por medo que Deus age assim. Ao contrário, a expressão "não tenham medo" é própria de Deus e aparece mais de 140 vezes nos textos sagrados (Gn 15,1; 21,17; 26,24; Nm 21,34; 3,2; 31,18; Js 1,9; Is 35,4; 41,10-14; 43,1-5; 44,8; 51,1; Jr 30,10; 46,27-28; etc.). E quem poderia questionar o agir de Deus? Recordemos que Jó já havia reconhecido que esta é uma tarefa impossível ao ser humano (Jó 9,11-20; 11,10).

E, no entanto, ele é o Deus que cuida de todas as criaturas (12,13), porque é um Deus justo e, mesmo quando tem necessidade de castigar em vista da correção, ninguém pode acusar suas ações ou sair em defesa daqueles que foram punidos, pois seria uma forma de questionar as atitudes e o modo de agir de Deus que assim age unicamente para salvar e corrigir.

Por ser criador de tudo, Deus possui o supremo direito de ser também a raiz de todo o direito, sendo assim princípio e fundamento da justiça, e sua missão é tutelar os direitos de todos, sobretudo dos mais fracos e injustiçados. É nisso que se resume o poder: "sua força é o princípio da justiça" (12,16). Diferente são os injustos e perversos que pensam que esse poder esteja com eles, pois dizem: "Nossa força seja a lei da justiça" (2,11). Esse princípio dos ímpios só pode ser exercido quando conseguem oprimir os mais fracos do que eles. Ao contrário, Deus, sendo todo-poderoso e imutável, não padece de equilíbrio moral perturbado e, por isso, é justo e até mesmo misericordioso" (WRIGHT, 2007, p. 1021).

O exercício da justiça, agindo com misericórdia, é próprio de um Deus compassivo, misericordioso e justo, mesmo diante dos pecadores, como expresso no Livro do Profeta Ezequiel: "Se o injusto se arrepende de todos os erros que praticou e passa a guardar meus estatutos e a praticar o direito e a justiça, então ele permanecerá vivo, não morrerá" (Ez 18,21). É nisso que se encontra e se manifesta o verdadeiro poder de Deus, esquecendo e perdoando as faltas cometidas com o objetivo de que o pecador e injusto inicie uma vida nova. Deus tem prazer em agir desse modo: "Por acaso sinto eu prazer com a morte do injusto? – oráculo do Senhor Javé. O que eu quero é que ele se converta dos seus maus caminhos e viva" (Ez 18,23).

ENSINAMENTOS AO POVO DESTA MODERAÇÃO DIVINA (Sb 12,19-22)

[19] Com tal modo de agir, tu ensinaste ao teu povo que o justo deve amar os homens, e infundiste em teus filhos a esperança, porque concedes aos homens a possibilidade de se converterem depois de pecar. [20] Puniste os inimigos de teus filhos com grande brandura e indulgência, dando-lhes tempo e ocasião para se converterem de sua maldade, quando na verdade eram réus de morte. [21] Com quanto maior cuidado julgas os teus filhos, a cujos pais concedeste com juramento a tua aliança, garantia de tão boas promessas! [22] Assim, para nos educar, tu castigas os nossos inimigos com moderação, para que nós, quando julgarmos, lembremos sempre a tua bondade; e, quando formos julgados, contemos sempre com a tua misericórdia.

A mesma pedagogia divina que agiu diante dos egípcios (11,16) e cananeus (12,3) agora serve de advertência para o povo de Deus, sobretudo para aquela parte do povo que age do mesmo modo como agiram os antigos opressores e perversos contra o próprio povo de Deus.

Dessa forma, como um pai que ama e ensina seus filhos, Deus educa os filhos de Israel a também agirem com misericórdia e perdão diante das faltas cometidas pelos seus irmãos. Quando tiverem que julgar os inimigos, devem agir com a mesma clemência e misericórdia de Deus, que já deu exemplo e ensinou-lhes que não é pela força da opressão que se pratica a justiça, mas com a benevolência e a indulgência com que o próprio Deus tratou os inimigos de Israel.

A advertência de Deus, agora, é dirigida aos israelitas que se encontravam "dispersos entre os pagãos", e que necessitavam encontrar o seu ponto de inserção no interno daquele mundo e daquela cultura, e que corriam o risco real de deixar-se encantar por essa cultura até o ponto de abraçá-la na sua forma totalizante, deixando a fé dos pais, perdendo a identidade judaica e criando uma situação de apostasia. O castigo imposto, tanto aos egípcios como aos cananeus, é o primeiro e distante símbolo que permanece como imagem para aqueles judeus que se deixavam seduzir pela idolatria, pela magia dos cultos místéricos, jogando-se assim naquela morte eterna (MAZZINGHI, 1997, p. 243), que se pode reverter sobre o próprio israelita infiel, caso não se converta.

No entanto, a advertência se destina também a todo Israel, onde quer que esteja, para que permaneça fiel e mantenha a sua identidade de povo de Deus, a partir do momento que existem dentro de Israel forças correntes de judeus apóstatas que já abraçaram o helenismo, abandonando, assim, a fé judaica.

A contraposição entre *justos* x *injustos* não é tanto uma contraposição entre Israel e aquilo que está fora de Israel, mas é um problema que se joga no interior de

Israel, com esses "injustos" que podem ser os irmãos, que, tendo abandonado a fé, também rejeitaram essa dimensão de fraternidade e se tornaram como os injustos perseguidores. Não é, portanto, só um elogio à sabedoria, mas é também uma consolação e um encorajamento àquele Israel que permanece fiel. O Sl 16 convida o fiel a conhecer e seguir o caminho da vida orientado por Deus, fugindo assim da tentação de adorar outras divindades (cf. Is 57,6; 65,5; 66,3-4).

Esse convite de Deus aos israelitas, portanto, é um modo de ajudar a perseverar na fidelidade, na certeza de que esta é a única possibilidade de haver acesso à vida e à justiça. Só assim haverá uma verdadeira convivência fraterna no seio da comunidade israelita, mas também na sua relação com os demais povos. O ser humano deverá tirar lições dessa moderação divina (12,19) e deve ele mesmo se tornar um *filantropo* = "amigo dos homens", como é o próprio Deus (12,19). O comportamento de Deus se torna assim um modelo para o ser humano, para que ame os demais homens e mulheres (MAZZINGHI, 1997, p. 243).

AINDA O CASTIGO SOBRE OS EGÍPCIOS
(Sb 12,23-27)

[23]Atormentaste os insensatos que viveram vida injusta, castigando-os com as suas próprias abominações. [24]Eles se haviam extraviado muito longe pelo caminho do erro, considerando como deuses os mais desprezíveis e repugnantes animais, deixando-se enganar como crianças que não têm o uso da razão. [25]Por isso, como crianças que ainda não refletem, tu os submeteste a um julgamento de zombaria.

²⁶Os que não se corrigissem com o julgamento de zombaria teriam que sofrer um castigo digno, mandado por Deus. ²⁷De fato, ficaram exasperados com os sofrimentos causados por esses animais, porque foram castigados pelos mesmos seres que eles consideravam como deuses. Então viram claramente e reconheceram o Deus verdadeiro, que antes recusavam reconhecer. Por isso sobre eles recaiu a maior das condenações.

No período helenístico, os egípcios faziam imagens de animais para serem adorados. Nos santuários eram conservadas imagens de bois, crocodilos, pássaros e outros animais que eram embalsamados e que se tornaram objeto de veneração e culto. É contra essas práticas que o texto se insurge, condenando essa idolatria, pois demonstra um infantilismo da fé, que idolatra as criaturas em lugar do seu Criador.

Justamente os menores desses animais foram utilizados por Deus para servirem de pragas, para afligir os egípcios que oprimiam o povo de Deus. Foi dessa forma que os egípcios foram castigados com o surgimento das primeiras pragas (Ex 7,8–9,26). Por não terem assimilado o poder de Deus que se manifestava nos pequenos animais (primeiras pragas), tiveram seu castigo digno (12,26), proporcional ao delito praticado. Assim os egípcios (como também os israelitas) vieram a conhecer a mão de Deus (RYBOLT, 2001, p. 411).

A princípio, parece que a lição foi assimilada e foi justamente sob pressão que os egípcios deixariam os filhos de Israel sair do país (Ex 9,27-28). E, no entanto, o faraó voltou atrás (Ex 9,35). Em seguida, ele novamente chegou a reconhecer o seu pecado e a implorar perdão

(Ex 10,16). Mas seu coração endurecido não permitiu que o povo saísse do Egito. E essa foi a razão *in extremis* para a morte dos primogênitos e o afogamento dos egípcios no mar Vermelho, que foi "a maior das condenações" (Sb 12,27).

A dureza de como se apresenta o final da digressão (12,23-27), é apresentada pelo autor que, ao ler os vários textos sagrados que narram a punição feita aos povos opressores, percebe que foi justamente o seu infantilismo na fé, a falta de reconhecimento do verdadeiro Deus que lhes proporcionou os meios para a conversão. Se tivessem assimilado a correção branda e misericordiosa inicialmente proposta, não teriam sofrido aquela que foi a mais dura lição: ver a morte dos próprios filhos!

CONCLUSÃO

A seção de Sb 11,15–12,27 revela a Sabedoria de Deus que age com bondade e com amor à criação, na busca da justiça mesmo diante dos injustos e maus. É Deus, o amante da vida e amigo dos seres humanos (*filantropos*), que age protegendo os oprimidos e pedagogicamente aplicando punições em vista da conversão e salvação dos opressores.

O rosto de Deus proposto nesses textos é de um Deus que tem cuidado por todos, inclusive os malvados, muito diferente da imagem despótica ofertada pelos soberanos do seu tempo, como os dominadores romanos da época em que o texto foi escrito.

Os textos vão ao encontro do rosto de Deus mais belo já revelado em muitas passagens do Antigo Testamento. A visão da beleza e bondade do Deus Criador

(Gn 1); do Deus cuidador e protetor da criação (Gn 2); do Deus Libertador do êxodo (Ex 3,7-12), da beleza e da bondade (33,19), do misericordioso e cheio de graça, lento para a cólera e grande em solidariedade e fidelidade (34,6); do Deus cuidadoso e carinhoso (Dt 32,10-11); ou o rosto de Deus presente junto ao seu povo, que ama, conduz e perdoa, e que foi revelado pelos profetas (Is 41,10; 43,1-4; Jr 33,10-11; Ez 18,21-23; Os 2,16-25; 11,1-11; 14,2-9; etc.). A bondade, a compaixão e a misericórdia já haviam sido experimentadas também pelos orantes dos Salmos (100; 106; 107; 118; 136), um Deus "clemente e compassivo, lento na cólera e repleto de amor, bom para com todos, compassivo com todas as suas criaturas" (Sl 145,8-9).

De outro lado, a reflexões presentes nessa seção do Livro da Sabedoria antecipam muitas ideias que serão defendidas e apresentadas por Jesus Cristo, como, por exemplo, o amor e o perdão aos inimigos, Deus Pai que faz o seu sol nascer sobre malvados e bons, e faz chover sobre justos e injustos (Mt 5,43-45; cf. Lc 6,27-28.32-36). Na oração do Pai, nosso Jesus ensinou que a condição para ser perdoados por Deus é termos perdoado aqueles que nos ofenderam (Mt 6,12; Lc 11,4).

Na época de Jesus, o rigorismo na aplicação da Lei matava e excluía as pessoas que eram consideradas pecadoras. Jesus apresentou um rosto de Deus misericordioso e demonstrou isso em várias passagens, como: a acolhida e o perdão da mulher adúltera que ia ser apedrejada (Jo 7,19–8,11); o perdão à mulher pecadora que chorou aos seus pés (Lc 7,36-50); a refeição e o perdão a Zaqueu, o ladrão e chefe dos cobradores de impostos (Lc 19,1-10);

o perdão ao malfeitor arrependido na cruz (Lc 23, 39-43); etc. O rosto de Deus Pai, que acolhe com bondade e compaixão, foi também revelado numa das mais belas parábolas de Jesus, conhecida como "parábola do filho pródigo" (Lc 15,11-32). Por fim, ao ser inocentemente condenado e pregado na cruz, Jesus pede o perdão dos seus algozes: "Pai, perdoa-lhes porque não sabem o que estão fazendo" (Lc 23,34).

Nos tempos atuais, onde vemos crescer grupos sectários e intolerantes que pregam a morte e o extermínio daqueles que julgam seus adversários (estranhamente, às vezes, apelando para a Bíblia e para Deus), somos convidados pelo Livro da Sabedoria a olhar e agir com justiça, bondade e compaixão de Deus, mesmo diante dos nossos inimigos, sem nunca deixar de proteger e cuidar de todos, sobretudo dos mais fracos e oprimidos.

REFERÊNCIAS

CERESKO, Anthony R. *A Sabedoria no Antigo Testamento. Espiritualidade libertadora*. São Paulo: Paulus, 2004.

MAZZINGHI, Luca. Il cosmo nel Libro della Sapienza. In: BONORA, A.; PRIOTTO, M. E COLLABORATORI. *Libri Sapienziali e Altri Scritti. Logos 4*. Torino: Elle Di Ci, 1997, p. 381-398.

_____. *Il Pentateuco Sapienziale*. Bologna: EDB, 2012.

RYBOLT, John E. Sabedoria. In: BERGANT, D.; KARRIS, R. J. *Comentário bíblico*. 3. ed. São Paulo: Loyola, 2001. v. 2, p. 399-415.

WRIGHT, Addison G. Sabedoria. In: BROWN, R.; FITZMYER, J. A.; MURPHY, R. E. (Org.). *Novo Comentário Bíblico São Jerônimo. Antigo Testamento*. São Paulo: Academia Cristã/Paulus, 2007, p. 1005-1028.

CAPÍTULO **10**

O QUE É CONHECER DEUS?
QUAL A VERDADEIRA RELIGIÃO?
(Sb 13,1–19,22)

*Luiz José Dietrich**

INTRODUÇÃO

No capítulo 13 do Livro da Sabedoria, o autor inicia um longo discurso sobre o conhecimento de Deus, ou a verdadeira religião. Esse discurso vai até o final do capítulo 15. Vale a pena notar que esse discurso está emoldurado pela reflexão sobre o "Êxodo como sabedoria de Deus" (11,2-14 + 16,1–18,4) e "A sabedoria de Deus no Êxodo" (18,1–19,22).

O bloco 13,1–15,19 é uma das maiores reflexões sobre a verdadeira religião que podemos encontrar nos textos bíblicos. Na verdade, o autor fala sobre o que é a ignorância sobre Deus (13,1.10; 14,22) e as consequências disso, e sobre o que é o conhecimento de Deus (15,3). Esse é um dos grandes temas que percorrem todo o livro, pois desde o início critica os que têm pensamentos tortuosos sobre Deus (1,3).

---

[*] Doutor em Ciências da Religião. Professor e pesquisador no Programa de mestrado e doutorado em Teologia da PUCPR. Email: luiz.dietrich@pucpr.br

Para o autor do Livro da Sabedoria, é a ignorância a respeito de Deus que leva os egípcios e os romanos a cultuarem as criaturas de Deus, ao invés de cultuar o Deus Criador e Mantenedor da Vida (13,1; cf. 11,26).

Porém, quais são os critérios para saber quem conhece e quem não conhece a Deus? Para o autor, um dos principais critérios é o culto. Para ele, a forma do culto, os elementos e imagens reverenciados no culto indicam quem conhece e quem não conhece o Deus verdadeiro.

Nesse sentido, os capítulos 13 a 15 são uma forte condenação dos cultos associados aos elementos da natureza ("o fogo, o vento, o ar leve, os ciclos dos astros, a água impetuosa, os luzeiros do céu", cf. 13,2), uso de imagens no culto a Deus. Como imagens são elencadas: "peças de ouro e prata trabalhadas com arte, figuras de animais ou de pedras..." (13,10); imagens de pessoas ou de animais feitas de madeira por carpinteiros e escultores, e finalizadas com massa e pintura e colocadas em lugares especiais nas casas e nos templos (13,11-16); figuras zooantropomorficas (com formas, do grego *mórfos*; de animais, *zoo*; e de seres humanos, *antropos*) que eram esculpidas e colocadas como figuras protetoras no alto e na frente da proa dos navios (At 28,11), para espantar os seres malignos que porventura habitassem as águas.

A partir de 14,12 sua reflexão passa a condenar os cultos realizados com o uso de figuras humanas. Seja no caso de pais que fazem imagens de seus filhos mortos prematuramente (14,15-16), seja o culto oficial das figuras do imperador,

> costume que é observado como lei: pelas ordens de soberanos, as estátuas são cultuadas. E como os seres

humanos, por viverem longe, não podem honrá-los diretamente, tornaram presente sua figura distante, fazendo uma homenagem ao rei a ser honrado. Assim, adulavam cuidadosamente o ausente como se estivesse presente [...] E isso tornou-se uma armadilha para a vida: os seres humanos, tomados pela desgraça ou pelo poder, impuseram à pedras e pedaços de madeira o nome incomunicável (14,16-21).

Por último, o autor do Livro da Sabedoria ataca os "oleiros" que fabricam imagens cultuais. O oleiro "compete com os que trabalham com ouro e prata, imita os que modelam com bronze" (15,9). As imagens de cerâmica eram certamente as mais baratas, talvez como cópias feitas em série, nem sempre de boa qualidade. Eram usadas pelo povo mais pobre nas devoções cotidianas feitas em seus santuários domésticos.

COMO ENTENDER ESSAS CRÍTICAS HOJE?

Muitos são ainda hoje os povos, como os povos nativos das Américas, os diversos cultos de origem africana e, também, o xintoísmo, que é a religião do Japão, que a 10, 20 mil anos – e no caso das religiões africanas, a mais de 100 mil anos – procuram dialogar com o mistério de Deus através da natureza. Não adoram a natureza e seus elementos como se eles fossem deuses, como seus adversários costumam dizer, mas veem neles apenas representações e manifestações de suas divindades. Procuram compreender o Sagrado, sua sabedoria e seus caminhos, a partir das forças, da beleza, da infinita diversidade da natureza e da importância vital de suas manifestações.

E, especialmente os povos nativos, os chamados indígenas, alcançaram com isso uma relação de elevadíssimo respeito e equilíbrio com a natureza. Entendem-se como irmãos, cocriados com as plantas, com os animais, com os ecossistemas dos rios, lagoas e florestas. Seu modo de vida, chamado por alguns de *Sumak Kawsai*, demonstra a sabedoria do "bem viver", que fundamentalmente significa orientar todas as nossas relações com outras pessoas e com a natureza por uma lógica mantenedora da imensa teia da vida. Esse modo de vida, como também a filosofia de vida africana, chamada de *Ubuntu*, que nos ensina a sempre pensarmos o "eu", só está bem quando "nós" estamos bem, incluindo-se nesse "nós" todas as formas de vida, servem hoje de lição para todas e todos nós que estamos procurando por uma forma alternativa de organizar nossa sociedade.

O autor do Livro da Sabedoria, entretanto, está condenando esse tipo de culto que em seu tempo era praticado e estimulado por muitos filósofos e por representantes de muitos povos estabelecidos ali. O autor do Livro da Sabedoria, como visto no primeiro capítulo da obra que temos em mãos, é membro de uma importante comunidade judaica, portanto, monoteísta, provavelmente vivendo em Alexandria. Alexandria era uma grande cidade daquele tempo, habitada por pessoas e povos vindos de quase todas as regiões dominadas pelo império grego, e que por isso ostentava uma imensa diversidade cultural e religiosa. Essa diversidade religiosa parece incomodar o autor da Sabedoria. Mas pode-se condenar esse tipo de culto e essa diversidade religiosa, diferentes dos nossos, em nome de nossa maneira de pensar e de nos relacionarmos com o mistério da divindade? A própria

Bíblia admite que a divindade se deixa conhecer também através da natureza (Sb 12,27; 13,1.3.5.9; Rm 1,19-20). E também devemos notar que com a dessacralização, ou "demitização" da natureza que nós, em nome de nossas doutrinas e teologias, temos feito, contribuímos para abrir "a estrada para o desrespeito e o abuso da natureza, cujo resultado negativo são os desastres ecológicos", que hoje estamos vendo e, muitas vezes, sofrendo (PEREIRA, 1999, p. 167).

Mas não é somente isso. Devemos tentar entender melhor quem é o autor do Livro da Sabedoria, quais são os seus interesses, qual era a sua espiritualidade. Por que estão atacando as religiões dos egípcios e de outros povos que com eles habitavam em Alexandria? Eles estão falando de ignorância e conhecimento de Deus. Como eles entendiam o seu Deus?

A TEOLOGIA DO LIVRO DA SABEDORIA

A concepção de Deus do autor do livro que estamos estudando, sem dúvida, era baseada já na Septuaginta, ou LXX, a tradução grega da Bíblia hebraica. Mas nos chama atenção que ele fala, sobretudo, de um Deus poderoso, um Deus do poder. A sabedoria que vem desse Deus é sabedoria para governar e dominar (6,21; 8,14-15; 9,12). A leitura da história feita por esse grupo reforça a capacidade e a força de governar, como dons de Deus para os seus filhos. Mostram como isso vai acontecendo na história bíblica com Adão (10,2), com José (10,14) e, como grande exemplo de sabedoria, apresentam o rei Salomão (7,1–9,18). Do mesmo modo, ao ler a narrativa do êxodo, ressaltam nela não a ação de Deus em favor das pessoas escravizadas e oprimidas, mas sim seus atos de poder. Ressaltam a abertura do mar Vermelho (10,11), as vitórias contra o deserto e contra reis inimigos, pelo poder de Deus (11,2-3). Realçam o lado poderoso do rosto do Deus bíblico.

Inclusive as violências desse Deus são justificadas. Apresentam certas práticas, que, aos olhos do autor do Livro da Sabedoria, tornariam aceitáveis, por exemplo, a morte dos primogênitos dos egípcios (Ex 12,29-30), na última das chamadas "dez pragas": os egípcios decidiram matar os "filhos dos santos", os meninos dos israelitas, então, "como castigo, eliminaste uma multidão de filhos deles" [...] "tinham mortos sem conta... e os vivos não eram suficientes para sepultá-los. O melhor da geração deles desapareceu de uma só vez" (Sb 18,5-19). Também é justificado, no Livro da Sabedoria, o massacre dos povos cananeus, narrado na história da tomada da terra por Josué (Js 6,20-21; 8,1-29; 10,1-43; 11,1-23). O autor do Livro da Sabedoria escreve sobre o tratamento que Deus teria dado aos cananeus:

> Aos antigos habitantes de tua santa terra tu rejeitaste, por causa de suas práticas detestáveis, como magia e ritos inaceitáveis: impiedosos assassinatos de crianças e banquetes em que se comiam entranhas, carnes humanas e sangue. A esses iniciados em orgias, pais assassinos de vidas indefesas, tu os quiseste destruir pelas mãos de nossos pais, para que esta terra, por ti mais estimada que as outras, tivesse uma população digna, feita de filhos de Deus (Sb 12,3-7).

Com esse discurso muito generalizante, preconceituoso e que não está presente no texto de Josué, imputam-se aos cananeus uma série de crimes que justificariam o seu massacre e o fato de suas terras serem tomadas e entregues aos israelitas. Textos como esse são complicados, pois ainda hoje servem para reforçar os medos e os preconceitos contra povos que cultuam a Deus de forma diferente daquela que estamos acostumados.

Assim, o Livro da Sabedoria parece nascer de uma leitura oficial da história de Israel e traz as marcas da ambiguidade das teologias oficiais. O que dizer das violências cometidas, por exemplo, na atuação de José, dado como exemplo de sabedoria (10,14)? Durante os "sete anos de vacas gordas", José concentra nos celeiros do faraó o trigo produzido pelos camponeses, e, depois, quando chegam os "sete anos de vacas magras", vende o trigo para os camponeses esfomeados (Gn 41,56-57), e, assim, concentra todo o dinheiro, todos os rebanhos, todas as pessoas e todas as terras nas mãos do faraó (Gn 47,13-20). Que sabedoria é essa?

Algo parecido sucede com Salomão. Na história e na teologia oficial, ele é louvado por sua sabedoria. Ao iniciar seu governo, depois de ter oferecido sacrifícios de agradecimento por ter chegado ao trono, Deus teria dado a ele a oportunidade de fazer um pedido. E, nesse momento, ao invés de pedir que Deus lhe desse riqueza, Salomão teria pedido sabedoria (1Rs 3,5-12). Também aqui tudo é muito cheio de ambiguidades. Não precisamos nem lembrar quantos assassinatos tiveram de acontecer nas lutas pela sucessão de Davi para que finalmente Salomão chegasse ao trono (vejam-se os subtítulos dos capítulos da história que vão de 2Sm 9,1 a 20,26, e que seguem em 1Rs 1,1 até 2,46. Ali vemos uma série de mortes: primeiro a "morte de Amnon" (2Sm 13,23); depois "a morte de Absalão" (2Sm 18,9); e "a morte de Adonias" (1Rs 2,12). Todos estes eram irmãos mais velhos de Salomão, que estariam antes dele na linha sucessória para assumir o trono de Davi. Dessa lista ainda constam o "desterro de Abiatar e a morte de Joab", respectivamente o chefe dos sacerdotes e o chefe do exército de Davi (1Rs 2,26), que não apoiaram Salomão. Essa narrativa termina em 1Rs 2,46, onde está escrito: "e assim a realeza se consolidou nas mãos de Salomão". Isso já seria o suficiente para caracterizar o que queremos dizer com "ambiguidade da sabedoria oficial". Mas ainda poderemos acrescentar outros elementos, como, por exemplo, a grande quantidade de tributos exigidos das tribos pela corte de Salomão (1Rs 4–5), ou a imposição de trabalhos forçados, corveia, aos camponeses de Israel (1Rs 5,27-31). A narrativa bíblica inclusive traz o julgamento popular do governo de Salomão: acusam-no de ter imposto "uma dura escravidão" e "um jugo pesado" sobre o povo (1Rs 12,4). Aqui, repete-se a pergunta: Que "sabedoria" é essa? Quem é o grupo que está por trás do Livro da Sabedoria, grupo que cultiva essa sabedoria oficial?

GENTE PRIVILEGIADA QUE PERDEU O PODER?

A cidade de Alexandria foi fundada por Alexandre, o Grande, mais ou menos no ano 300 a.C. Consolidou-se como capital do Egito durante o governo de Ptolomeu Soter, (323-285 a.C.). E a cidade contou desde cedo com a presença de uma expressiva colônia de judeus. No governo seguinte, de Ptolomeu Filadelfo (285-246 a.C.), os judeus de Alexandria conseguiram o direito de se constituírem como um *politeuma*. Isso permitia aos judeus organizarem-se dentro da *polis* grega como uma comunidade étnica com grande autonomia. Com essa organização, os judeus tinham quase o mesmo *status* que os cidadãos gregos. O *politeuma* os transformava numa força política considerável e, por isso, obtiveram vários privilégios. Também nessa época iniciaram a tradução da Bíblia hebraica para o grego, tradução que será conhecida como a Bíblia dos Setenta, ou *Septuaginta* (LXX). Essa tradução, feita para facilitar o diálogo e o intercâmbio religioso cultural com o mundo grego, revela o alto grau de helenização da comunidade judaica de Alexandria. O avanço político dos judeus e o peso de sua presença despertaram protestos que originaram o primeiro escrito antijudaico que se conhece. Flávio Josefo, na obra *Contra Ápio*, aborda o escrito de Maneto, um sacerdote egípcio que se mostrava preocupado com o crescimento da influência judaica em Alexandria (PEREIRA, 1999, p. 16).

Fílon de Alexandria, um escritor judeu, informa que dois dos cinco quarteirões de Alexandria eram ocupados pela comunidade judaica, que na época teria ao redor de 100.000 pessoas, sendo que a população total da cidade seria de mais ou menos 300.000 cidadãos livres. Não estão contabilizados nesses números os escravos, que, segundo as estimativas, eram em número de 600.000. Por estes números pode-se ver que parte desses escravos pertenceriam aos judeus. A comunidade judaica de Alexandria, a julgar pela riqueza e imponência de sua sinagoga, deveria ser rica e ter peso na economia da cidade. Uma passagem do *Talmud da Babilônia*, um dos livros sagrados do judaísmo rabínico, canta, com alguns exageros, o esplendor da sinagoga de Alexandria:

> Quem não viu a dupla colunata da sinagoga de Alexandria, no Egito, jamais viu a glória de Israel! Era uma imensa basílica com uma colunata dentro da outra, acolhendo às vezes 600.000 pessoas, número dos que vieram do Egito. Havia nela setenta e uma cátedras de ouro, correspondendo aos setenta e um membros do Grande Sinédrio, e nenhuma delas pesava menos do que 21 talentos de ouro (apud BUSTO-SAIZ, 1992, p. 16).

Essas poucas passagens da vida da comunidade judaica em Alexandria servem para mostrar o poderio econômico e político do *politeuma* dos judeus em Alexandria. E, de fato, ali chegaram a ocupar inclusive cargos de coletores de impostos para os gregos. Em outros locais, havia importantes colônias militares judaicas que atuavam como mercenárias dos gregos. Os judeus no Egito, salvo algumas poucas situações, estavam bem integrados aos governos dos ptolomeus e ocupavam altas posições na sociedade alexandrina.

Mas, depois dos anos 50 a.C., também serão envolvidos nas lutas entre os diversos grupos romanos que disputavam o poder no império. E, no ano 30 a.C., a vitória de Otaviano Augusto sobre Marco Antônio e Cleópatra pôs fim ao reino dos ptolomeus no Egito e provocou um forte revés na situação dos judeus no Egito. Segundo André Paul, a imposição de um novo regime imperial romano, que passou do "sistema de dominação" para o "sistema de ocupação" romana, significou uma grande perda econômica e praticamente o afastamento do *politeuma* judaico dos espaços de comando político. Com o desmonte do exército dos ptolomeus, os destacamentos judeus não mais participarão da manutenção da "ordem" na cidade. Do mesmo modo, na coleta dos impostos os judeus foram substituídos por "funcionários governamentais". E, de grande impacto negativo sobre os judeus será também a imposição de um imposto pessoal chamado *laografia* – que a partir de 27/26 a.C. deveria ser pago por todos os que não fossem "cidadãos plenos" –, que acentuará o empobrecimento e as divisões dentre os judeus de Alexandria: os mais ricos, do centro urbano, helenizando-se mais e amoldando-se, buscando cidadania dentro das novas estruturas, e os mais pobres empobrecidos pelas perdas de espaço e pelos novos impostos, cada vez mais marginalizados (1983, p. 121-123).

O grande grito crítico contra as autoridades, agora tachadas de "injustas", pode ter nascido dessa situação. São os judeus tentando retomar espaços e importância política em Alexandria. Assim, a revisão histórica, ali apresentada no Livro da Sabedoria, pode ser vista como uma forma indireta de ameaçar os "inimigos do povo de Deus", pois vários textos enfatizam o castigo de Deus aos chamados "inimigos do povo de Deus": 10,6-8.19-20; 11,2-3.8-14; 16,4.15-18; 17,2-6; 18,5, entre outros.

A preocupação com os pobres está muito pouco presente, e o clamor por justiça social, o combate à escravidão, estão praticamente ausentes do livro. Isso é algo que chama atenção, em uma sociedade onde para cada cidadão livre existiam dois escravos. Como já foi visto, acentua-se o êxodo como manifestações de poder do Deus de Israel, e não como libertação dos escravos. Procura-se ganhar com apoio de Deus mais espaço no poder.

Se nossa suspeita estiver correta, depois de já estarem quase 300 anos em Alexandria, somente agora que estão fora do poder criticam os que "julgam a terra" (1,1; 6,1); os "que governam multidões" (6,2); os "soberanos dos povos" (6,21). E alguns dos últimos versículos parecem confirmar essa impressão:

> sofreram justamente por causa de seus próprios males e porque odiaram violentamente os estrangeiros. Houve quem não acolhesse visitantes desconhecidos; mas eles escravizaram estrangeiros benfeitores. E ainda mais: se é certo que os primeiros receberão castigo por terem recebido os estrangeiros de maneira hostil, quanto mais estes, que os receberam com festas e lhes permitiram participar dos seus direitos, e depois os atormentaram com trabalhos pesados (19,13-16).

Aqui parece ecoar o grito de um grupo que se sentiu traído. Antes não via todos esses males no poder e na sociedade por ele organizada, tirava proveito e se beneficiava deles, agora, porém, posto à margem do poder, o ataca e ameaça. Como fica então o ataque feito por esse grupo a aqueles que usam imagens em suas devoções e cultos? Essa questão é importante porque até hoje o uso de imagens é fruto de controvérsias e até mesmo justificativa para agressões.

PODE HAVER IDOLATRIA MESMO SEM IMAGENS

A crítica bíblica profética às imagens, à idolatria, tem mais a ver com o tipo de culto, de religião, que a elas estão associados. Criticam-se as imagens mais por suas funções e pelas consequências de certos cultos, do que as imagens em si. Podendo ser possível, nesse sentido, haver "idolatria" sem necessariamente haver imagens.

Vejamos o texto do Salmo 115,4-8 (que é praticamente repetido em Sb 15,15-16):

São de prata e ouro os ídolos deles,
e foram feitos por mãos humanas;
esses têm boca e não falam,
têm olhos e não veem,
têm ouvidos e não escutam.
têm nariz e não cheiram;
têm mãos e não apalpam,
têm pés e não andam,
nem sua garganta produz sussurro algum.
Os ídolos deles são obras de mãos humanas.

A verdadeira causa da condenação não está simplesmente no fato de as imagens – que o texto, possivelmente exílico ou pós-exílico, chama de "ídolos" (`atsav`) – serem "de ouro e de prata... feitos por mãos humanas", e se caracterizarem pela imobilidade e insensibilidade. O fundamento da condenação não está nesses aspectos. O fundamento da condenação está, sim, no fato de essa imobilidade e essa insensibilidade tornarem-se também características daqueles que fazem, usam e confiam nas imagens. O v. 8 do Sl 115 diz literalmente isso: "Estão sendo, ou serão, como eles todos aqueles que os fazem e que neles confiam".[1] Porém, o problema também não é somente a imobilidade e a insensibilidade em si.

Para compreender a profundidade da denúncia, precisamos colocar o texto do Salmo diante da provável referência a outro texto muito importante da Bíblia, no qual ele se inspira. As imagens, chamadas aqui de "ídolos", são apresentadas fazendo um contraponto a uma outra imagem, uma outra descrição, uma "imagem" narrativa, textual, de Deus. O Salmo faz um contraponto com a imagem de Deus apresentada no Êxodo:

> Os filhos de Israel gemiam por causa da servidão. Eles clamaram, e da servidão seu grito de aflição subiu até *Elohim*. E *Elohim* ouviu o clamor deles, e lembrou-se da aliança... e *Elohim* viu os filhos de Israel e os reconheceu... (Ex 2,23-25).

A mesma imagem pode ser vista em Ex 3,7: "Javé disse: estou vendo muito bem (a *Bíblia de Jerusalém* traduz: eu vi, eu vi) a aflição do meu povo que está no Egito. Ouvi seu clamor diante de seus opressores, pois tomei conhecimento de seus sofrimentos. Desci para libertá-los...".

Pode-se notar que a descrição dos ídolos no Salmo corresponde à imagem invertida da atitude, como um negativo da atitude da divindade do êxodo. No êxodo, a ação da divindade se dá por sua sensibilidade para com os escravos, para com os oprimidos. A divindade

---

[1] Nesse sentido, recentemente foi traduzido ao português o livro de Beale, *Você se torna aquilo que adora. Uma teologia bíblica da idolatria*. Porém, a interpretação ali apresentada difere bastante da apresentada nesse artigo, especialmente por não considerar as funções sociais do culto, principalmente suas relações com a justiça, a injustiça, as opressões e desigualdades sociais.

do êxodo caracteriza-se por *ver* os injustiçados e *ouvir* os gemidos dos escravizados e os gritos dos oprimidos, e por *agir*, *descer*, por não permanecer insensível e imóvel perante isso. Vendo os injustiçados e ouvindo os clamores dos explorados frente a seus exploradores, a divindade do êxodo age para *libertar*. Se solidariza com os oprimidos, toma partido deles, age, coloca-se em seu meio para salvá-los, desce (cf. Fl 2,6-8) para libertá-los. Seguir a divindade do êxodo acarreta em ter a mesma sensibilidade e agir motivado pela compaixão e pela solidariedade (Lc 6,36). Esse é também o sentido da teologia da *kénosis* e da encarnação (Fl 2,5-8).

Com isso, estamos aptos a compreender que a questão da idolatria transcende a questão das imagens: idolatria é todo culto a Deus – com imagens ou sem imagens – que não nos torna sensíveis e solidários para com os pobres e injustiçados, que não nos faz ver as injustiças e ouvir os gritos dos injustiçados, e que não nos leva a solidarizarmo-nos com eles, a pormo-nos em seu lugar, em seu meio e a lutar com os oprimidos pela superação da opressão, das injustiças e das desigualdades.

CONCLUSÃO

Façamos um pequeno teste: e talvez um teste para ver como anda o nosso conhecimento de Deus, para ver quão verdadeira é a nossa religião, e, usemos imagens ou não, observemos como está a sensibilidade de nossas comunidades religiosas – como elas desenvolvem a nossa sensibilidade, ou a insensibilidade, para uma das questões mais escandalosas de nosso mundo, para uma das que é seguramente uma das maiores violências e causas de sofrimento e morte de nosso mundo atual: a distribuição, ou melhor, a concentração de rendas e riquezas. Jamais na história da vida humana houve tanta desigualdade e injustiça nesse aspecto.[2] Mas, paradoxalmente, muito poucas vozes se levantam quanto a isso. O papa é uma delas. Mas quem o está ouvindo? Nossa vivência religiosa nos sensibiliza, nos acorda para isso ou não?

Algumas poucas ONGs também seguem acompanhando e se dedicando a lutar pela transformação dessa situação. Segundo os dados da OXFAM,[3] no Brasil, o 1% mais rico possui quase 30% de toda a renda do país. No mundo oito pessoas concentram uma renda igual à que é dividida pela metade mais pobre da população mundial. Se considerarmos os 20% mais ricos, veremos que eles se apropriam de quase 80% de toda a riqueza do mundo. Isso significa que 80% da população precisa viver com os 20% restantes... porém, devemos ainda considerar que muitas vezes a mesma má distribuição vista nas porcentagens anteriores repete-se também

---

[2] Leia mais em: <http://www.ihu.unisinos.br/espiritualidade/78-noticias/574627-brasil-tem-maior-concentracao-de-renda-do-mundo-entre-1-mais-rico>. E também em: <http://g1.globo.com/economia/noticia/2016/10/concentracao-de-renda-cresce-e-brasileiros-mais-ricos-superam-74-mil.html>. Ver ainda: DIETRICH, Luiz José. Como rezar os Salmos em um mundo tão desigual?, 2015, p. 155-173.

[3] A OXFAM é uma confederação internacional de treze organizações e mais de três mil parceiros, que atua em mais de cem países. OXFAM deriva de Oxford Committee for Famine Relief (Comitê de Oxford de Combate à Fome), fundada na Inglaterra em 1942, sob a liderança do cônego Theodore Richard Milford e constituída por intelectuais *quakers*, ativistas sociais e acadêmicos de Oxford. Atua na busca de soluções para o problema da pobreza e da injustiça, através de campanhas, programas apoiando o comércio justo, democracia e direitos humanos, inclusão social, através da educação, saúde e do combate ao HIV/AIDS, especialmente em países pobres ou atingidos por guerras ou desastres naturais. Ver: <http://www.oxfam.org/es>. O seu último relatório pode ser lido em espanhol em: <https://www.oxfam.org/es/informes/una-economia-para-el-99>.

na divisão desses 20% restantes. Esses números são obtidos com dados retirados das contas bancárias. O que pode significar que a realidade é ainda pior. Será que a vivência religiosa deve se preocupar com essas questões? Esses assuntos devem ser tratados em nossas comunidades? Será que o nosso Deus, através de Jesus, nos pede envolvimento concreto para descobrir as causas e atuar para transformar essa situação? Ou será que basta participarmos de nossos rituais e de nossos sacramentos, e na piedade pessoal procurar respeitar o que consideramos uma boa moral? O que será que a Sabedoria de Jesus estará demandando de nós, para que sejamos de fato e cada vez mais discípulos e discípulas de Jesus?

Que a Divina Sabedoria tenha misericórdia de nós e nos ajude a ser cada vez mais sensíveis às injustiças e violências que sofrem os empobrecidos de nosso mundo e de nosso país. Novamente temos cerca de 50 milhões de irmãos e irmãs brasileiros abaixo da linha de pobreza. E grande parte deles não ganha o suficiente para pagar a alimentação mínima de que necessita. Estão passando fome! Que encontremos formas de enfrentar e mudar as causas dessa situação, pois nesse envolvimento, com certeza, a Sabedoria de Deus nos fará mais fraternos e solidários, mais amorosos, mais humanos.

REFERÊNCIAS BIBLIOGRÁFICAS

BEALE, G. K. *Você se torna aquilo que adora. Uma teologia bíblica da idolatria.* São Paulo: Vida Nova, 2014.

BUSTO-SAIZ, J. R. *Eclesiastés y sabiduría. Una lectura del Libro de la Sabiduría de Salomón.* Santander: Ediciones Sal Terrae, 1992.

DIETRICH, Luiz José. Como rezar os Salmos em um mundo tão desigual? In: GERSTEMBERGER, Erhard S.; ROSSI, Luiz A. S. *Salmos: experiência de Deus na vida do povo.* Santo André: Academia Cristã, 2015.

PAUL, André. *O judaísmo tardio. História política.* São Paulo: Paulinas, 1983.

PEREIRA, Ney Brasil. *Livro da sabedoria. Aos governantes, sobre a justiça.* Petrópolis/São Leopoldo: Vozes/Sinodal, 1999.

SCHWANTES, Milton. *História de Israel. Local e origens.* São Leopoldo (mimeo.), 1984.

Impresso na gráfica da
Pia Sociedade Filhas de São Paulo
Via Raposo Tavares, km 19,145
05577-300 - São Paulo, SP - Brasil - 2018